410811 z

A6

VON BLECHTROMMELN
UND NESTBESCHMUTZERN

Peter Braun

VON BLECHTROMMELN UND NESTBESCHMUTZERN

Deutsche
Literaturgeschichte(n)
nach 1945

Illustrationen von
Jens Rassmus

Bloomsbury
Kinderbücher & Jugendbücher

Die Schreibweisen in diesem Buch entsprechen den Regeln der neuen Rechtschreibung. Zitate aus literarischen Werken sind in der jeweiligen Originalschreibung wiedergegeben.

© 2010 Berlin Verlag GmbH, Berlin
Bloomsbury Kinderbücher & Jugendbücher
Alle Rechte vorbehalten
Vermittelt durch die Literatur- und Medienagentur
Ulrich Pöppl, München
Umschlaggestaltung: Rothfos & Gabler, Hamburg,
unter Verwendung einer Illustration von Jens Rassmus
Typografie & Gestaltung: Renate Stefan, Berlin
Gesetzt aus der Stempel Garamond und Futura durch psb, Berlin
Druck & Bindung: CPI – Ebner & Spiegel, Ulm
Printed in Germany
ISBN 978-3-8270-5366-4

www.berlinverlage.de

Jede Literaturgeschichte ist eine Ungerechtigkeit
gegen die, die in ihr stehen ...

INHALT

VORWORT

Mittelalter, Barock, Aufklärung, Sturm und Drang, Klassik, Romantik, Biedermeier, Vormärz, junges Deutschland, Realismus, Naturalismus, Jahrhundertwende, die Moderne der Weimarer Republik – aus dem Abstand gut überschaubar, gut einteilbar: die deutsche Literaturgeschichte bis zum Dritten Reich. Ebenso halbwegs einfach ist zu überblicken, was und wer geblieben ist, von Lessing bis Kafka, von Eichendorffs *Taugenichts* bis Hesses *Steppenwolf*. Dann aber die Grenze: Zweiter Weltkrieg, der wie nichts sonst das Schreiben in den nachfolgenden Jahrzehnten prägte. »Am Anfang stand das Verbrechen«, sagt Günter Grass. Danach ist die deutsche Literaturgeschichte nicht mehr so leicht zusammenzufassen und zu gliedern wie davor. Warum? Vier Gründe.

Erstens: Deutschland war geteilt. Sowohl die Werke der Bundesrepublik als auch die der Deutschen Demokratischen Republik haben ihre eigene Geschichte. Dazu Österreich und die Schweiz, die beide größeren Einfluss gewannen als je zuvor. Schon der Begriff »deutsche« Literaturgeschichte ist daher falsch. Richtig ist »deutschsprachige«.

Zweitens: Wer kann heute schon sagen, was morgen noch standhält. Heute noch »Weltliteratur«, morgen

schon vergessen. Beispiel: Wer kennt Henryk Sienkie-
wicz oder Boris Pasternak? Beide bekamen den Nobelpreis für Literatur. Der eine für *Quo vadis*, der
andere für *Doktor Schiwago*. In Deutschland nicht
anders. Wer kennt Paul Heyse oder Rudolf Eucken?
Nobelpreisträger des zwanzigsten Jahrhunderts auch
sie. Thomas Mann und Hermann Hesse dagegen werden noch immer gelesen.

Drittens: Romane, Theaterstücke oder Gedichte
sind nicht mehr so ohne Weiteres einzuordnen. Schillers *Die Räuber* ist Sturm und Drang. Goethes *Iphi-
genie auf Tauris* ist Klassik. Stempel drauf, Schublade
zu. Was aber ist mit Friedrich Dürrenmatts *Die Physiker* oder mit Günter Grass' *Die Blechtrommel*? Noch
fehlen für sie die Schubladen, die einigermaßen Ordnung schaffen und eine Literaturgeschichte übersicht-
lich machen. Grobe Einteilungen nach Themenkreisen
wie »Trümmerliteratur« oder »Arbeitswelt« sind nur
vorläufige Behelfsablagen. Bestenfalls lässt sich die
Themenwelt zweiteilen: Ein erster Abschnitt reicht
vom Kriegsende bis in das Jahr 1968 mit seinen Studentenunruhen. Wiederaufbau des Landes und Wirtschaftswunder waren bis dahin prägend. Der Fort-
schrittsglaube war ebenso groß wie der Wunsch,
endlich einen »Schlussstrich« unter die Nazigräuel zu
ziehen. Von 1968 bis zum Mauerfall 1989 rückten dagegen die Aufarbeitung der Hitlervergangenheit in
den Mittelpunkt, der Vietnamkrieg, der drohende atomare Untergang und die Kampfansage an rückwärts-
gewandte Strömungen in Staat, Kirche und Gesell-

schaft. Doch auch das ist nur ein grobes Hilfsmittel, um Übersicht zu gewinnen, denn Schriftsteller, die vor dem Krieg erfolgreich waren, hörten danach nicht auf, genauso wie die, die vor dem Mauerfall schrieben. Die Grenzen Krieg und Mauer sind durchlässig.

Viertens: Hilfreich für das Verständnis früherer Werke und ihre Zuordnung zu Abschnitten der Literaturgeschichte sind die Lebensläufe der Schriftsteller, ihre Briefe und Tagebücher, die Aufzeichnungen ihrer Freunde und Bekannten. Diese aber sind für die Autoren der Jahre nach 1945 oft noch nicht zugänglich und erschlossen. So viel wir schon über im Kreis herumradelnde, tablettensüchtige oder verhaftete Schriftsteller wissen – noch ist zu vieles über sie nicht veröffentlicht und schlummert in den Archiven. So bedeutet erstens, zweitens, drittens und viertens in einem zusammengepackt: Die Buchlandschaft der Jahrzehnte zwischen Weltkrieg und Mauerfall ist zu nah, um sie zu überblicken. Zu früh also für den alleingültigen Wanderführer durch den Bücherwald.

Die Geschichte der deutschsprachigen Literatur zwischen Zweitem Weltkrieg und Abriss der innerdeutschen Mauer zusammenzufassen kann somit nur ein Versuch sein. Der aber ist zu wagen, denn immerhin: Manche Buchschönheiten ragen bereits jetzt aus ihm hervor, und dies ist mein Weg zu ihnen – und nur meiner, denn dem leidigen »das muss man gelesen haben« ist zu misstrauen. Schon das »muss« ist ärgerlich. Bücher muss man nicht, Bücher darf man lesen. Es gibt kein Lesegebot, genauso wie es kein Leseverbot

11

gibt, auch nicht für Jugendliche. Und weil ich immer bei Schullesungen von den Klassen gefragt werde, was denn nun meine Lieblingsschriftsteller seien, so zähle ich Hemingway auf, Dostojewski, Dürrenmatt, Kafka, Büchner, aber das ist nur die halbe Wahrheit.

Meine Bestenliste ist schlichtweg zu lang, um sie alle zu nennen, und vor allem: Was ich vor Jahren gern las, sagt mir heute wenig, was mich ehedem zum Gähnen brachte, halte ich heute für höchst spannend. Und daher gilt: Was spannend ist oder langweilig, was gut ist oder schlecht, entscheidet jeder für sich. *Die Verfolgung und Ermordung Jean Paul Marats* des Peter Weiss ist fade? Dann weg damit. Hans Magnus Enzensbergers *Das Verhör von Habana* ist nichtssagend? Ab ins Regal. Christa Wolfs *Nachdenken über Christa T.* ist öde? Schranktür zu. Warum auch nicht, denn ein jedes Buch hat eben seine Zeit. Stefan Heyms *Ahasver* ist an einem Tag langweilig, uninteressant, öde, aber in einem oder in zehn Jahren das Lieblingsbuch, das auf dem Leseweg wiedergefunden wurde. Die gewitzte Geschichte vom »Ewigen Juden«, der dazu verurteilt ist, auf immer ruhelos umherzuwandern, weil er Jesus von Nazareth auf seinem Kreuzweg nach Golgatha nicht geholfen hatte, war das richtige Buch, nur zur falschen Zeit. Und so heißt Lesen Wandern durch noch unbekannte Bücherwelten, und wie bei jeder Wanderung ist nicht wirklich wichtig, welcher Weg genommen, sondern dass überhaupt einer gegangen wird. Und vor allem: verirren ausdrücklich erlaubt. Eine Buchwanderung ist kein schnurgerader

Leseweg. Das Springen von Buch zu Buch macht den Reiz aus.

Und so ist auch dies nur ein Vorschlag an Büchern, die es allesamt wert sind, genauer betrachtet zu werden. Und dabei auch jene nicht zu vergessen, die sie schufen, denn nichts ist langweiliger als eine abgearbeitete Werkliste. Buch x, entstanden y, Inhalt z – und das war's? Keinesfalls. Bücher werden spannender durch das Leben derer, die sie schrieben, und wer etwa das Leben der Marieluise Fleißer kennt, der wird ihre *Soldaten in Ingolstadt* mit ganz anderen Augen sehen.

AM ANFANG EIN ENDE

Berlin, Offiziersmesse der Pionierschule Karlshorst. Auf einem Tisch eine Urkunde. Mit der Hand ist auf ihr die Zeit geschrieben: 23.01 Uhr. Erst kurz nach Mitternacht aber werden die Unterschriften unter sie gesetzt. Es ist die Nacht vom 8. auf den 9. Mai 1945. Keine Reden, keine Verhandlungen: bedingungslose Kapitulation. Deutschland ist besiegt, der Zweite Weltkrieg geht zu Ende. Was mit der Machtergreifung Adolf Hitlers am 30. Januar 1933 begann, ist vorbei. Für die deutsche Abordnung unterzeichnet Generalfeldmarschall Wilhelm Keitel. Tage später wird er verhaftet, im Jahr darauf in Nürnberg als Kriegsverbrecher zum Tode verurteilt. »Ich habe geirrt und war nicht imstande zu verhindern, was hätte verhindert werden müssen.« Reue? Einsicht? Verantwortung? Selbst Hermann Göring, Hitlers erkorener Nachfolger, oder Rudolf Hess, bis 1941 Hitlers Stellvertreter – alle Angeklagten im ersten Nürnberger Prozess bekannten sich für nicht schuldig der Verbrechen gegen den Frieden und gegen die Menschlichkeit.

Was hätte verhindert werden müssen: die Welt in Flammen, das Grauen, Rassenwahn und Blut und Boden, der verblendete Irrsinn des Tausendjährigen Reiches, das nach zwölf Jahren unterging. Geschätzte

55 Millionen Tote auf den Schlachtfeldern Europas, Asiens, Afrikas, der Weltmeere, zugrunde gegangen durch Vertreibungen, Hungersnöte, Seuchen, gestorben in Gefängnissen, im nächtlichen Bombenhagel, durch die Gräuel der Armeen. Die Leiden der Verwundeten, Verstümmelten, Kriegsgefangenen, Vergewaltigten, Geschundenen, Hingerichteten beider Seiten, und der schrecklichste der Schrecken: die KZ, die deutschen Konzentrationslager. Der Tod in den Gaskammern, die Vernichtung durch Arbeit, Folter, alltägliche, entsetzlich mitleidlose Gewalt. Paul Celan, *Todesfuge*: »Der Tod ist ein Meister aus Deutschland.« Sechs Millionen ermordete Juden, dazu Hitlergegner, Schwule, Sinti, Roma und immer so weiter – die Opferliste ist schier unermesslich.

9. Mai 1945, 0.20 Uhr. Mit einem Schlag entlädt sich die Anspannung der Sieger, als die Deutschen den Saal verlassen und hinausfahren in die Nacht, durch ein Berlin, das zerbombt ist, ganz und gar, wie so viele andere Städte. Doch nicht nur die Häuser und Straßen der Menschen liegen in Schutt und Asche, auch ihre Wünsche, Sehnsüchte und Träume sind zerstört worden in den Jahren der Naziherrschaft. Und doch: Die Waffen schweigen, Hitler hat sich umgebracht, das Töten ist beendet. Der Schriftsteller Johannes Mario Simmel wird das Gefühl der Menschen, die davongekommen sind, Jahrzehnte später in einem Buchtitel zusammenfassen: *Hurra, wir leben noch.* Dem Schlussstrich unter den Naziwahn und dem Neuanfang geben die Deutschen schon bald den Namen »Stunde

Null«, aber die Zeit anhalten, kurz durchatmen, Strich drunter und alles auf Anfang, als ob nichts geschehen sei, das geht in der Geschichte nicht. Eine »Stunde Null« kann es nicht geben. Doch das Unschuldsmärchen vom Neubeginn wird zur gemütlichen Ausrede, zum breiten Teppich, unter den der Schmutz gekehrt wird, zum weiten Mäntelchen, das die Verbrechen zudeckt, von denen keiner wusste, an denen keiner beteiligt war, an denen keiner Schuld hat.

In den Nachkriegsjahren macht sich in Deutschland, in Österreich und auch in der Schweiz nur zu gern das große Vergessen breit, das Schulterzucken, das Verschweigen, das Verleugnen. Doch nicht bei allen.

ANSICHTEN EINES CLOWNS?

Heinrich Böll

Randbemerkung in einem Schulbuch, eingetragen im Sommer 1934: »Leck mich am Arsch Faschisten-Häuptling.« Der Schüler ist sechzehn, der das schreibt. »Tod den Braunen.« Sein Schulweg ist längst nicht mehr sicher. Jungnazis schlägern in den Straßen von Köln. Sie verprügeln gleichaltrige »Gesinnungs-lumpen«, besonders gern die kirchennahen, zu denen der Schüler gehört. Katholisch ist er und überzeugt dazu, zum »Mief« der Amtskirche aber hält er Ab-stand. Als der Papst mit Hitler einen Vertrag schließt, ein »Konkordat«, der die Stellung der Kirche im nationalsozialistischen Deutschland absichert, ist das für ihn ein Tiefschlag. Der Vatikan ist der erste Staat, der die Hitlerherrschaft anerkennt – das sitzt.

Bald wird der Schüler nur noch hinter vorgehaltener Hand über die Machthaber lästern oder besser ganz schweigen. »Ich war kein Widerständler.« In die Hitlerjugend tritt er nicht ein, was in seinem Abgangszeugnis vermerkt wird, den nationalsozialistischen Zeltlagern indes kann er sich nicht entziehen. Hier werden die Schüler durch »kameradschaftliches Zusammenleben in militärischer Ordnung« auf Führer, Volk und Vaterland eingeschworen, um sie zu gehorsamen »Volksgenossen« abzurichten. Er verabscheut »die Bewegung«, und er wird zu denen gehören, die nach Kriegsende weder schweigen noch leugnen. Deutsche haben Hitler freiwillig gewählt, Wirtschaftsbosse ihn bezahlt, Heereskreise ihn unterstützt. Das wird er nicht vergessen, genauso wenig die Verhaftungen der Andersdenkenden, die Bücherverbrennungen, die »Kristallnacht«, in der die Scherben der Schaufenster jüdischer Geschäfte auf den Gehsteigen glitzerten, und auch nicht die für alle sichtbare Verschleppung der Juden und den Kriegswahnsinn. Dies prägt sein Schreiben, das von einem bestimmt sein wird: dem eigenen Gewissen. Er wird eine Meinung haben, und er wird für sie einstehen. Geboren am 21. Dezember 1917 mitten im schlimmsten Hungerwinter des Ersten Weltkriegs, gestorben am 16. Juli 1985, wenige Jahre vor dem Fall der Berliner Mauer: Heinrich Böll. Kaum ein deutsches Schriftstellerleben spiegelt die Geschichte seines Landes wie das seine, und ohne diese Geschichte sind weder die Bücher Heinrich Bölls noch die anderer deutscher Schriftsteller zwischen Kriegsende und Mauerfall zu verstehen. Sie wird in diesem Buch ihre Rolle spielen.

Die Nacht vom 8. auf den 9. Mai 1945 verbrachte Heinrich Böll in einem Kriegsgefangenenlager nahe dem französischen Soissons. Der Krieg war für ihn bereits seit Wochen vorüber. Von Anfang an war er dabei gewesen. Die höhere Schule hatte er bestanden, nur kurz eine Buchhandelslehre begonnen, dann den vorgeschriebenen Reicharbeitsdienst abgeleistet, ehe er sich 1939 in Köln einschrieb, um einen kurzen Sommer lang Vorlesungen zu hören, doch eigentlich wollte er vom Schreiben leben, das er von Jugend an betrieb. Drei Tage nach Kriegsbeginn mit dem deutschen Angriff auf Polen am 1. September 1939 war er eingezogen worden. Seitdem hat er über zweitausend Tage und Nächte »gefangen« im »Kerker« der Uniform überlebt. Zu seinem Glück war er zumeist in der Heimat beim Wachdienst eingesetzt worden oder hat in besetzten Gebieten Dienst geschoben, nachdem ihn in Frankreich im ersten Kriegsjahr der Durchfall für lange Wochen ans Bett gefesselt hatte. Dann aber der Einschnitt: Marschbefehl Ostfront. Auf den Zug, der ihn nach Russland brachte, wurde ein Anschlag verübt und Böll verletzt. Anfangs war er froh gewesen, dem öden Wachestehen entkommen zu sein, doch die Ernüchterung folgte sogleich. Einsatz auf der Krim,

21

schwere Kopfverletzung, danach Einsatz in Rumänien und wiederum schwer verletzt.

Den Krieg nannte er fortan grausam, böse und schrecklich. »Jeder Krieg ist ein Verbrechen.« Er überstand ihn, weil er der Fronthölle im Osten entkam. Er wurde in die Heimat zurückverlegt, verzögerte seinen Krankenaufenthalt, indem er Fieber selbst herbeiführte, und er fälschte seinen Urlaubsschein, den er in den letzten Kriegswochen um wertvolle Tage verlängerte. Um nicht aufzufliegen, meldete er sich zum Dienst zurück und wurde einer Beobachtungsstellung in Frankreich zugeteilt. Ein verlorener Posten. Der Krieg blutete aus, das längst bröckelnde Nazideutschland brach endgültig zusammen, und Heinrich Böll ging für ein halbes Jahr in die Kriegsgefangenschaft. Als er entlassen wurde, hatten die amerikanischen Atombomben über Hiroshima und Nagasaki Japan in die Knie gezwungen. Der Krieg war nun auch in Übersee vorbei. Der Preis dafür war schrecklich. 6. August 1945, 8.15 Uhr: Der Bomber »Enola Gay« wirft die Atombombe »Little Boy« über Hiroshima ab. Geschätzte Opferzahl: zwischen 90 000 und 200 000. Drei Tage später, 9. August 1945, 11.02 Uhr, Kernwaffeneinsatz über Nagasaki: »Fat man« wird gezündet. Geschätzte 36 000 Tote. Weitere 110 000 starben in den Wochen danach in beiden Städten an der Verstrahlung. Die Erde war verseucht, die Krebsrate hoch.

»Wir haben keine ›Jugend‹ gehabt, die hat wirklich mit Haut und Haar dieser verbrecherische Krieg gefressen, dieser Wahnsinn.« Heinrich Böll war nicht verschlungen worden, und er setzte fort, was durch den Krieg unterbrochen worden war: »Ich habe das Wagnis begonnen und schreibe.« Seinen Jugendwunsch, Schriftsteller zu werden, versuchte er nun Wirklichkeit werden zu lassen, und er widmete sich dem, was er kannte: dem Krieg. Doch eingeschränkt durch Lebensmittelkarten, Schwarzmarkt und Winterkälte, fielen die ersten Schreibschritte schwer, zumal nicht nur die Städte in Trümmern lagen, sondern ebenso die Schreiblandschaft. Viel zu viele Schriftsteller waren unter der Hitlerherrschaft vertrieben oder getötet worden, unter Aufsicht der Besatzungsmächte entstanden erst nach und nach neue Zeitungen, öffneten die Verlage wieder, und im Überlebenskampf zählten warme Essen mehr als gedruckte Geschichten, und schon gar keine, die gleich wieder an das gerade erst Vergangene erinnerten. »Keine Sau will etwas vom Krieg lesen oder hören.«

Und doch schrieb er von ihm, wie in einer seiner bekanntesten Erzählungen *Wanderer kommst du nach Spa …:* Name unbekannt. Von der Tafel weg war der Schüler vor drei Monaten in die Wehrmacht gesteckt worden. Kanonenfutter für ein Abwehrgefecht, in dem er schwer verletzt wurde. Man karrt ihn mit einem Lastwagen zu einem Notlazarett. Die Toten werden einfach beiseitegelegt. »Ich war noch nicht tot, ich gehörte zu den anderen, und sie trugen mich die Treppe hinauf.« Hinauf zum Zeichensaal. An den Wänden Bilder. Griechische Krieger, Friedrich der Große,

23

Adolf Hitler. Nach und nach erkennt der Verwundete, dass er in eine Schule gebracht wurde. Kriegerdenkmal mit eisernem Kreuz und Lorbeerkranz, Cäsarbüste und arische Herrenmenschen – auch dieses Gymnasium, das Schülern einst die hehren Ideale der Antike lehrte, hat sich den verqueren Vorstellungen vom Opfertod fürs Vaterland untergeordnet. Die Vorbilder der griechischen, römischen, deutschen Geschichte nutzen die Machthaber aus, um sie für ihre Zwecke zu gebrauchen und den Schülern Heldenmut und Tapferkeit vor Augen zu führen. Flink wie Windhunde, zäh wie Leder, hart wie Kruppstahl, so wünschen sie sich die deutsche Jugend, die von bereitwilligen Lehrern auf Gehorsam getrimmt wird bis zum bitteren Schluss. Der Verwundete hat Fieber und Schmerzen. Er weiß nicht, wie schwer seine Verwundung ist, er weiß nicht, wo er ist, doch ihm dämmert, dass er alles so auch von seiner eigenen Schule kennt.

Er wartet auf den Arzt, fragt den Verwundeten neben ihm, wo er sei. »Bendorf.« Bendorf ist seine Heimatstadt, doch noch will er nicht wahrhaben, dass er in seine eigene Schule getragen wurde, in der er acht Jahre verbracht hat. Eine Schultafel und ein Vorhang verbergen den Operationstisch. Der neben ihm wird hinter die Tafel gebracht, doch nicht lange und er wird hinausgetragen, die Treppe hinunter, zu den Toten. Er ist an der Reihe. Auf den Tisch gelegt, sieht er auf der Klassentafel einen verstümmelten Satz: »Wanderer kommst du nach Spa …« Es ist der Anfang einer griechischen Inschrift, übersetzt von Friedrich Schiller: »Wanderer kommst du nach Sparta, verkündige dorten, du habest uns hier liegen gesehen, wie das Gesetz es befahl.« Sie gedenkt des spartanischen Königs Leonidas und der nur dreihundert Krieger, die sich allesamt opferten, um ein gewaltiges persisches Angriffsheer aufzuhalten. Die tapferen Spartaner und die barbarische Perserhorde – die deutschen Helden und die grausamen Feinde. Noch so ein verdrehtes Sinnbild. Nun erst erkennt der Verletzte, dies ist wirklich seine Schule, denn die Handschrift auf der Tafel ist seine eigene, und der Satz ist genauso missbraucht und verstümmelt wie er selbst. »Ich zuckte hoch, als ich einen Stich in den linken Oberschenkel spürte, ich wollte mich abstützen, aber ich konnte es nicht: ich blickte an mir herab, und nun sah ich es: sie hatten mich aufgewickelt, und ich hatte keine Arme mehr, und auch kein rechtes Bein mehr, und ich fiel ganz plötzlich nach hinten, weil ich mich nicht aufstützen konnte; ich schrie.« Ob er überlebt, sagt Heinrich Böll nicht.

Die Geschichte ist kurz, nur einige Seiten, der Schluss bleibt offen. Das Leben eines Alltagsmenschen zu schildern, der eben kein Held ist, zusammengedrängt auf wenige entscheidende Augenblicke, knapp, einfach, fast einsilbig geschrieben und dazu das offene Ende sind Kennzeichen einer Kurzgeschichte nach dem Vorbild der amerikanischen Short Stories eines Ernest Hemingway, Sinclair Lewis, Edgar Allan Poe oder William Faulkner, die das Schreiben im

Nachkriegsdeutschland prägten, weil sie anders schrieben als die heimattümelnden Blut-und-Boden-Schriftsteller, weil sie nichts schönten, verheimlichten, herbeilogen. Zwölf Jahre waren die deutschen Schriftsteller von den ausländischen Geschichten abgeschnitten gewesen, nun saugten sie die Kurzgeschichten neugierig auf. Besonders beeindruckte ihr offener Schluss. Der Leser muss die Geschichte selbst zu Ende denken. »Gebt doch Antwort! Warum schweigt ihr denn? Warum? Gibt denn keiner Antwort? Gibt keiner Antwort??? Gibt denn keiner, keiner Antwort???« Die letzten Worte des Kriegsheimkehrers Beckmann in Wolfgang Borcherts *Draußen vor der Tür*. Die Antwort lautet: Nein.

Auf das Wieso und Warum von Krieg und Kriegsverbrechen ließen sich keine einfachen Antworten finden. Auch mit Kurzgeschichten nicht. Sie gaben keine Schlussantworten, weil die deutschen Schriftsteller nach dem Verfall aller Werte, aller Ordnung selbst keine wegweisenden Antworten hatten. Doch wenigstens begannen sie zu suchen, so schrieb Elisabeth Langgässer *Saisonbeginn*, Ilse Aichinger *Das Fenstertheater*, Wolfgang Borchert *Die drei dunklen Könige*, *Nachts schlafen die Ratten doch*, *Die Hundeblume*, *Schischyphusch*, und auch Heinrich Böll brachte Erlebtes auf den wunden Punkt. Böll, *Bekenntnis zur Trümmerliteratur*: »Wir schrieben also vom Krieg, von der Heimkehr und dem, was wir im Krieg gesehen hatten und bei der Heimkehr vorfanden: von Trümmern; und das ergab drei Schlagwörter, die der jungen Literatur angehängt wurden: Kriegs-, Heimkehrer- und Trümmerliteratur.«

Rund fünf Jahre war diese »Trümmerliteratur« maßgeblich, bis der beginnende Wohlstand im Wirtschaftswunder sie zurückdrängte. Alfred Andersch etwa, Günter Eich, Wolfdietrich Schnurre, Wolfgang Borchert und eben Heinrich Böll versuchten in ihr mit den alten Schreibformen zu brechen, die mit Nazideutschland gleichgesetzt wurden. Schönschreiberei war verpönt, das Gefühl trat zurück, sachlich nüchternes, allein der Wahrheit verpflichtetes Schreiben war gefordert. Keine Beschönigung mehr, rücksichtslose Auseinandersetzung mit der Vergangenheit. Wie in den zerbombten Städten wurde aufgeräumt und nur aus den noch brauchbaren Trümmern ein neues Schreiben aufgebaut, dessen karge, knappe, kurze Sprache der Spiegel einer kahlen, notvollen Welt war. Die Kürze war zudem zweckmäßig: Wie alles sonst, war auch Druckpapier in Deutschland anfangs Mangelware. Schriftsteller hatten wenig Möglichkeiten, ihre Geschichten zu veröffentlichen. Zudem überschwemmten die Russen in der östlichen, Engländer, Franzosen und vor allem die Amerikaner in der westlichen Besatzungszone ihr Gebiet mit Übersetzungen der eigenen Schriftsteller, um mit ihnen das Nazidenken aus den Köpfen zu treiben. Auch Heinrich Böll bekam das zu spüren. Er wurde seine Geschichten nicht los und blieb doch hartnäckig, verschickte Manuskripte, bekam zurück, schrieb Neues. Die Ausdauer zahlte sich nicht aus, aber sie lohnte sich: Er lernte zu schreiben, er entwickelte seinen Stil.

Um durchzukommen, gab er Nachhilfeunterricht in Latein, Mathe und Deutsch, den Lebensunterhalt aber bestritt hauptsächlich seine Frau, die er noch zu Kriegszeiten geheiratet hatte. Sie war Englischlehrerin. Was sie verdiente, war auf dem Schwarzmarkt dennoch nur zwei Pfund Mehl und ein Pfund Butter wert. Und trotzdem stärkte sie ihm den Rücken, und er biss sich durch. Gut zwei Jahre nach Kriegsende wurde er mit *Aus der ›Vorzeit‹* erstmals abgedruckt, zwei weitere Jahre später erschien sein erster Roman, *Der Zug war pünktlich*. Der Erstling lief zwar ins Leere, doch von Aufgeben keine Spur. Er hatte sein »eigentliches Kriegsbuch« noch zu schreiben. »Ich weiß zwar, dass das Thema Krieg nicht gesucht und nicht beliebt ist, aber ich kann nichts daran ändern.« Und so begann er *Wo warst du, Adam?*, die Geschichte vom langen, langen Weg des deutschen Soldaten Feinhals von der Ostfront nach Hause, ein Weg, mit dem Lebensschicksale im längst verlorenen Krieg verknüpft sind, die in aberwitzigen, fast lächerlich verzerrten Toden enden.

Die Sinnlosigkeit eines menschenzermürbenden Krieges: Der Soldat Feinhals, der nach dem Rückmarsch, endlich angekommen, auf der Schwelle seines Elternhauses von einer deutschen Granate zerfetzt wird. Auf seine Leiche flattert eine weiße Kapitulationsfahne herab. »Die Fahnenstange war zerbrochen, und das weiße Tuch fiel über ihn.« Da ist Hauptmann

Bauer, dem ein Kriegsgericht wegen Selbstverstümmelung droht. Er hatte keinen Helm getragen bei einem Motorradunfall, seit dem er pünktlich alle fünfzig Sekunden den Dorfnamen »Bjeljogorsche« wiederholt. Das Lazarett, in dem er liegt, wird geräumt. Der Feldwebel Alois Schneider geht den anrückenden Truppen mit einer Rot-Kreuz-Fahne entgegen, tritt auf einen Blindgänger, der hochgeht. Die Russen glauben sich angegriffen, schießen das Lazarett zusammen. »Erst später merkten sie, daß von der anderen Seite kein einziger Schuß fiel.« Da ist die katholisch gewordene Jüdin Ilona, die mit einem grünen Möbelwagen in das KZ des Obersturmführers Filskeit kommt. Der hat zwei Leidenschaften: Rassenreinheit und Gesang. In seinem Lager kommen die Juden, die singen können, in den Chor, die anderen ins Krematorium. Als Ilona ihm ein Kirchenlied vorsingt, noch dazu auf Latein, dreht Filskeit durch. Eine Jüdin, die katholisch ist, die singen kann, die, anders als er, ganz arisch aussieht, erträgt er nicht. »Er schoß sein ganzes Magazin auf die Frau, die am Boden lag.« Danach gibt er Befehl, alle Juden im Lager zu töten. Und dies alles in Landschaften, die so farblos, müde, kaputt sind wie die Menschen, denen Feinhals begegnet.

Als das Buch 1951 herauskam, war Heinrich Böll noch so gut wie unbekannt. Alfred Andersch jedoch hatte ihn den Schriftstellern der »Gruppe 47« empfohlen, die sich gegründet hatte, um mit Hilfe der Literatur die Menschen im Nachkriegsdeutschland über die Hitlerherrschaft aufzuklären, die noch ungewohnte Demokratie zu verankern, menschliche Grundwerte zu vermitteln, für Menschenrechte einzutreten. Die Treffen der Gruppe dienten dazu, sich kennenzulernen, sich auszutauschen, Verbindungen herzustellen. Neue Arbeiten wurden vorgelesen, die Vorlesenden auf den »elektrischen Stuhl« gesetzt, gnadenlos auseinandergenommen, verbessert, gelobt oder verrissen. Die Besonderheit dabei: Der Lesende durfte sich nicht verteidigen. Er musste zuhören, weiter nichts. Hart. Hoffnungsvolle junge Autoren wurden eingeladen, um ihnen eine Plattform zu geben, und so auch Heinrich Böll, der sich auf Anhieb Anerkennung erwarb. Er las die Erzählung *Die schwarzen Schafe*, für die er den Literaturpreis der Gruppe erhielt. Verlage wurden so auf ihn aufmerksam, Zeitungen baten ihn um Beiträge. Ein Anfang.

Lob auch für *Wo warst du, Adam?* »Zum ersten Male hat ein junger deutscher Schriftsteller hier ein Bild des Krieges gezeichnet, wie es in dieser Unerbittlichkeit und mit ebenso viel Realistik wie Kunstverstand bisher nicht geschehen ist.« Und trotzdem: Zu wenige wollten »das bildkräftigste Kriegsbuch aus deutscher Feder« lesen, denn die Kriegserinnerungen störten nur. Die fünfziger Jahre rückten heran, in denen die mahnenden Stimmen der »Trümmerliteratur« im Wirtschaftswunderlärm untergingen. Die Bundesrepublik Deutschland war aus den westlichen Besatzungszonen gegründet, die Deutsche Demokratische Republik aus der östlichen, die alte Reichsmark von der harten D-Mark in der Währungsreform abgelöst worden, die Schlote rauchten wieder, das gute Leben kehrte zurück. Rock 'n' Roll und Petticoat, Nierentisch und Vespageknatter. Doch Heinrich Böll ließ sich von der Geräuschkulisse nicht übertönen und eckte mit seinen schonungslosen Schilderungen der deutschen Lebenswirklichkeit an, spätestens mit *Und sagte kein einziges Wort*.

In den brav biederen fünfziger Jahren galt die Familie als gesitteter Hort bürgerlicher Ordnung. Der Herr des Hauses verdient das Geld, die Frau erwartet ihn nach fleißigem Tagwerk zwischen pausbäckigen Kindern gut gelaunt am Herd. Keine Schönmalerei dagegen bei Heinrich Böll: Käthe ist schon wieder schwanger und lebt von ihrem Mann Fred getrennt. Er trinkt. Lärm und Enge der Wohnung machen ihn gewalttätig. Ihre Zimmerwirtin hat ausgezeichnete Beziehungen zur Kirche, doch die kümmert nur die Einhaltung der Kirchengesetze, für Käthes Not hat sie kein Ohr. Einzig ein einfacher Priester mit einem »Bauerngesicht« folgt dem Gebot der Nächstenliebe. Er allein steht auf der Seite der Armen, und damit auf Käthes. *Und sagte kein einziges Wort* – für die Kirchenherrscher war das Buch eine Klatsche: »Da ging es los, da platzte die Bombe, da hatte ich einen wunden Punkt berührt, natürlich damit auch die Herrschaft des Mannes angetastet.« Mieterelend und Eheunglück statt heiler Wirtschaftswunderwelt: Heinrich Böll wurde zur Stimme der kleinen Leute, der Außenseiter, der Ausgegrenzten. »Das beste Buch, das in der Nachkriegszeit geschrieben worden ist.«

Ein Preisregen ging auf ihn nieder, der Roman wurde ein durchschlagender Erfolg, genauso wie 1954, ein Jahr später, *Haus ohne Hüter*. Diesmal im Mittelpunkt: die »Onkelehe«, in der so viele Kinder »unbehütet«, ohne die im Krieg gefallenen Väter, aufwuchsen. Die Witwen lebten mit »Onkeln« zusammen, die sie nicht heirateten, um die Kriegswitwenrenten nicht zu verlieren. Weil nicht sein kann, was nicht sein darf, sah die Kirche entgegen ihrer Ehegesetze weg. Hauptsache der Schein blieb gewahrt. »Buch des Tages«, »Buch der Woche«, »Buch des Monats«. Heinrich Böll setzte sich durch, auch im Ausland. Von Dänemark bis China, von Finnland bis Spanien wurde er übersetzt, doch weil er zu den Verhältnissen in Deutschland eine Stellung einnahm, die von den Mächtigen nicht gern gesehen wurde, bahnte sich eine Auseinandersetzung an, an deren Ende mit *Billard um halbzehn* und *Ansichten eines Clowns* zwei weitere Werke Heinrich Bölls stehen werden.

Kurzer Blick zurück: Nachdem der gemeinsame Feind besiegt worden war, brach das einstige Kriegsbündnis der Hitlergegner auseinander. Zu unterschiedlich die Weltanschauungen von »Kapitalismus« und »Sozialismus«, zu groß das gegenseitige Misstrauen der Sieger. Bald drohte abermals Krieg. Der Westen stand nun gegen den Osten, Demokratie gegen Kommunismus, Amerika gegen die Sowjetunion. 1949, im Gründungsjahr der Bundesrepublik, wurde daher der Nordatlantikpakt der westlichen Länder, die NATO, unter der Führung Amerikas aus der Taufe gehoben, um als Verteidigungsbündnis ein Gegengewicht zu den Staaten des Ostblocks unter der Führung der Sowjetunion zu bilden, die sich später im Warschauer Pakt zusammenschlossen. Die Grenze, an der sich die beiden Blöcke gegenüberstanden, verlief mitten durch Deutschland. Die Sowjetunion band ihre einstige Besatzungszone, die DDR, in ihr Militärbündnis ein, im Gegenzug verbündete sich die Bundesrepublik mit den Westmächten und strebte eine Wiederbewaffnung an. Die künftige Armee aber brauchte ausgebildete Befehlshaber und fand sie unter den einstigen Offizieren der Wehrmacht. Seit Kriegsende mussten sich Deutsche, die im Verdacht standen, Nazis gewesen zu sein, der »Entnazifizierung« stellen. Hatten sie eine weiße Weste, war dies auf einem Meldebogen vermerkt, der bald den Waschmittelnamen »Persilschein« bekam. Allzu flink wurden nun auch die dringend gebrauchten Wehrmachtssoldaten »weißgewaschen«. Für Böll dabei besonders erbärmlich: die Kirche, die erklärte, Wehrdienstverweigerung sei nicht mit christlichem Denken vereinbar, und die damit dazu beitrug, Widerstände gegen die Wiederbewaffnung zu überwinden. Die Folgen: Bundeswehr gegründet, allgemeine Wehrpflicht eingeführt, Bundesrepublik in die NATO aufgenommen. Wehrmachtsvergangenheit und Hitlerdeutschland jedoch wurden verschwiegen oder verharmlost.

Gleichgültigkeit hatte sich breitgemacht, und dagegen trat Heinrich Böll an. *Billard um halbzehn* entstand. Ort der Handlung: Köln. Zeit: ein Tag im Jahr

1958. Personen: Familie Fähmel. Architekt Heinrich Fähmel wird achtzig. Während der Vorbereitung des Geburtstagsfestes schälen sich die Geschehnisse der Vergangenheit heraus. Die Glanzleistung seines Lebens war die Errichtung der Abtei St. Anton, die durch seinen Sohn im Krieg gesprengt wurde und durch seinen Enkel wieder aufgebaut werden wird. Drei Generationen, ein halbes Jahrhundert deutsche Geschichte. Die Verstrickungen der Familie in Krieg und Hitlerpartei aber gipfeln in einem Schuss: Mutter Fähmel schießt auf einen früher höchst eifrigen Anhänger der Nazis, der in der jungen Bundesrepublik schon wieder Einfluss und Ansehen hat. Er gehört zu den gewalttätigen »Büffeln«, den Machtmenschen, die unbeeindruckt von vergangenen Verbrechen gleich wieder in hohe Posten und Ämter eingerückt sind. Ihnen stehen die an Flucht, Krieg und Leid zerbrochenen, wehrlos friedlichen »Lämmer« gegenüber. *Billard um halbzehn* zeigt: Die damals Opfer waren, sind wieder im Abseits, die damals Täter waren, sind wieder erfolgreich.

Das Buch erschien 1959 zeitgleich mit Günter Grass' *Die Blechtrommel* und Uwe Johnsons *Mutmassungen über Jakob*, die zusammen als Gipfel der Nachkriegsliteratur gelten. Ein weiterer Höhepunkt war Heinrich Bölls Roman *Ansichten eines Clowns* von 1963, mit dem er zum Rundumschlag ausholte, der einmal mehr auch die Kirche traf. Und weil auch Rolf Hochhuths Theaterstück *Der Stellvertreter* über das Versagen des Papstes während der Judenverfolgung oder Carl Amerys *Die Kapitulation* für Zündstoff sorgten, wurde in einem von allen Kanzeln verlesenen Hirtenbrief den Schriftstellern Irrlehre, Ketzerei, Zersetzung vorgeworfen, doch wirklich ernst nahm das keiner mehr. Die jahrhundertelang meinungsbeherrschende Kirche hatte bereits zu viel an Boden verloren. »Die Kirchen kontrollieren die Kunst nicht mehr, sie ist ihnen entglitten.« Die Schriftsteller fühlten sich von ihren Vorwürfen einfach nicht mehr betroffen. Jahre später wandte sich Heinrich Böll endgültig von der Kirche ab, nachdem einem Weihbischof nachgewiesen worden war, dass er als Wehrmachtshauptmann die Erschießung von Geiseln befohlen hatte. Die Kirche dagegen wiegelte ab, der Bischof sei unschuldig. Für Böll das letzte Glied einer langen Kette, die zeigte, dass die Kirche sich nicht mehr um menschliche, sondern eher um Machtfragen kümmerte. Er trat aus. Die Lehre der Kirche, so Böll, sei Zwecken untergeordnet, sei dienstbar gemacht, geradezu verfault, verkümmert, unglaubwürdig geworden. Der einst glaubenstreue Böll kehrte ihr den Rücken. Kriegsende, Kriegsbeschreibung, Wiederaufbau des Landes, Wirtschaftswunder: Die Auseinandersetzung der Schriftsteller mit dem Krieg und seinen Folgen neigte sich dem Ende zu. Der erste Abschnitt der Nachkriegsbüchergeschichte war vorbei.

Der zweite Abschnitt, von den Studentenunruhen bis zum Fall der Mauer, begann. Auch für Heinrich Böll. Seine Fehde mit der Kirche wurde abgelöst durch die Kampfansage an gesellschaftliche Missstände und

Staatsverkrustung, denn längst war Drängenderes in den Vordergrund gerückt: der Kalte Krieg, in dem sich Ost und West waffenstarrend gegenüberstanden. Für Amerika war Russland das Reich des Bösen, für Russland war Amerika das Land der Ausbeuter, das sich auf Kosten der Armen bereichert. Beide strebten nach der Vormacht in der Welt und versuchten, so viele Länder wie möglich auf ihre Seite zu ziehen. Die Welt aber war nicht genug. Der Wettlauf zum Mond hatte begonnen, und Russland hatte Vorsprung. Der »Sputnik« umkreiste die Erde, die Hündin Laika wurde auf eine Umlaufbahn geschossen, Juri Gagarin umrundete die Erde, und Amerika fürchtete nicht bloß im All ins Hintertreffen zu geraten. Südamerika, Afrika, Asien: Der Ostblock gab sich als Beschützer der Unterdrückten aus und versprach ihnen ein Paradies, in dem die Arbeiter und Bauern und nicht die Bonzen das Sagen haben. In immer mehr Dritte-Welt-Ländern bildeten sich »Befreiungsarmeen«, die sich in erfolgreichen Kämpfen um die Macht in ihren Heimatländern Hammer und Sichel auf die Fahnen malten, bis sich Amerika entschloss, niemanden mehr in Ostblockhände fallen zu lassen. Ein Land bekam das besonders zu spüren: Vietnam, dessen kommunistischer Norden im Bürgerkrieg gegen den von Amerika unterstützten Süden stand. Die Vereinigten Staaten wurden immer tiefer in den Krieg hineingezogen, der 1965 begann und zehn Jahre dauerte. Wegen des Vietnamkriegs aber wurde der Ruf der Menschen »Nie wieder Krieg!« weltweit laut und lauter, auch in Deutschland. Doch wer gegen Amerika rief, geriet schnell in den Verdacht, damit Russland zu unterstützen.

Schon der Bau der innerdeutschen Mauer 1961 hatte die Ost-West-Spannungen verschärft, und deutsche Schriftsteller wurden als russlandfreundliche »Rote« und »Linke« abgestempelt, weil sie sich nach Meinung der »rechten«, »christlichen« Parteien nicht eindeutig genug zum Westen bekannten. Schriftsteller wurden als »Pinscher« beschimpft, die im sicheren Westen giftig gegen Amerika kläfften, aber nicht zubissen, sobald ihre »Russenfreunde« im Spiel waren. Rechts gegen links: Während des Vietnamkrieges uferte der Streit aus, vor allem, nachdem die Bundestagsparteien in trauter Einigkeit die »Notstandsgesetze« beschlossen hatten, die im Krisen- oder Kriegsfall fast sämtliche Bürgerrechte wie Meinungsfreiheit oder Versammlungsfreiheit außer Kraft setzen sollten. Weil im Parlament keine wirkliche Gegenstimme mehr erhoben wurde, bildete sich eine außerparlamentarische Opposition, die hauptsächlich von Studenten getragene APO. Lange Haare und Flowerpower, Hippiebewegung und Demonstrationen gegen den Vietnamkrieg. Die Studentenunruhen des Jahres 1968 begannen. Schlachtruf auf den Straßen: »Ho-Ho-Ho-Tschi-Min«, nach dem Führer der Nordvietnamesen.

Das Aussehen der »Langhaarigen« war braven Bürgern genauso ein Dorn im Auge wie die Straßenschlachten, die sie sich mit der Polizei lieferten. »Wer zweimal mit derselben pennt, gehört schon zum Establishment.« Die Jungen forderten »Freie Liebe«, und auf Anstand pochende Alte sprachen schon mal von »alle vergasen«. Eine weitere Forderung der Studenten: endlich Schluss mit dem Verschweigen der Nazivergangenheit und Offenlegen der Verbrechen, denn noch immer waren ehemalige Hitleranhänger an den Schalthebeln der Macht. Die »Vätergeneration« sahen sie als »Tätergeneration«. »Unter den Talaren der Muff von tausend Jahren.« Den Muff beseitigen, den Vietnamkrieg beenden, Eintreten für die Menschenrechte, Aufarbeitung der deutschen Vergangenheit: Viele deutsche Schriftsteller standen auf der Seite der »Achtundsechziger«, darunter auch Heinrich Böll. Mit einem Unterschied: Er lehnte Gewalt ab. Böll zeigte vielmehr, dass Krieg immer Irrsinn ist, dass die Vergangenheit nicht verschwiegen werden darf, dass Verachtung anders Denkender, anders Aussehender, anders Lebender immer Unglück gebiert. Sein Werben um Verständnis, Menschenwürde, Vergangenheitsbewältigung: *Gruppenbild mit Dame*. Erscheinungsjahr 1971.

Die Dame heißt Leni Pfeiffer. Klug ist sie, warmherzig, aber ungebildet. Ein »Verf.« berichtet über ihr Leben. Der Verfasser trägt zusammen, was über sie zu finden ist, reist auf ihren Spuren, befragt Zeitzeugen. Als Klosterschülerin erzogen, dann bei den NS-Mädchen, gehörte ihre Familie nach der Machtübernahme durch Hitler zu den Gewinnern, doch nachdem ihr Vater wegen eines Schwindels verurteilt worden war, wurde Leni Pfeiffer zur Arbeit in einer Kranz- und Blumenbinderei dienstverpflichtet, in der sie den russischen Kriegsgefangenen Koltowski kennenlernte. Gefährlich und verboten – und doch verliebten sie sich. Die »blonde Sowjet-Hure« bekam ein Kind von dem Zwangsarbeiter, dem sie zu seinem Unglück einen deutschen Pass besorgte. Er gerät bei Kriegsende als nun Deutscher wiederum in Kriegsgefangenschaft und kommt in einem Bergwerk um. Seitdem war Leni Pfeiffer zu einer »Statue« erstarrt. Sie verstummte, schwieg. Hilfe aber lehnte sie ab, sie arbeitete weiter in der Gärtnerei, zog ihren Sohn groß. Gegenwärtig ist sie wieder verliebt, und wieder in einen, der ganz unten steht: der türkische Müllkutscher Mehmet. Unangepasst ist sie bis zur Sturheit. Mitmenschlichkeit ist ihr wichtiger als Gewinn, Leistung, Wohlstand. Für sie zählt die Liebe, nicht das Ansehen, und das lenkt den Hass auf sie. Leni Pfeiffer aber hält stand.

»Ich habe versucht, das Schicksal einer deutschen Frau von etwa Ende 40 zu beschreiben oder zu schreiben, die die ganze Last dieser Geschichte zwischen 1922 und 1970 mit und auf sich genommen hat.« Versuch gelungen. Ein Jahr nach *Gruppenbild mit Dame* bekam Heinrich Böll den Nobelpreis für Literatur. Mit ihm war die deutsche Literatur auf die Weltbühne zurückgekehrt. Hatte Böll in den Jahren zuvor schon seine Stimme mit Reden, Aufsätzen, Gesprächen, Auftritten erhoben, um gegen Missstände anzusprechen, so bekam sie nun wirkliches Gewicht im Ausland wie im Inland, wo die Zeichen auf Sturm standen. Ein letztes Mal Geschichte, die zu einem weiteren

Buch Heinrich Bölls führte: *Die verlorene Ehre der Katharina Blum*.

Die Achtundsechziger-Bewegung hatte das Land nicht ernsthaft verändert. Eine Gruppe spaltete sich daher ab. Sie wollte die Veränderungen nicht mehr herbeiprotestieren, sondern herbeibomben. Sie ließen sich an Waffen schulen und gingen in den Untergrund: Benannt nach den russischen Streitkräften im Zweiten Weltkrieg, gründete sich um Andreas Baader und Ulrike Meinhof die Rote-Armee-Fraktion, RAF. Die Gewalt kochte hoch, Banküberfälle, Brandstiftung, Morde, Sprengfallen. Der Terrorismus war in Deutschland angekommen, und der Staat schlug zurück. Schleierfahndungen, Polizeieinsätze, Verhaftungen. Die Sensationspresse schlachtete die Anschläge aus, besonders die *Bild*-Zeitung, und als Heinrich Böll vor den gefährlichen Folgen der Aufwiegelei warnte, wurde er in einer beispiellosen Treibjagd an den Pranger gestellt. Als Anwalt der Gangster wurde er beschimpft. Böll geriet sogar in den Verdacht, Terrormitgliedern Unterschlupf zu gewähren. Sein Haus wurde von schwerbewaffneten Polizisten umstellt, dann durchsucht. Für die Hetzpresse galt: schuldig bei Verdacht. Die Wahrheit spielte keine Rolle. Heinrich Böll: »Was alles an ›Aufklärung‹ versucht worden ist seit 45 – geht jetzt in wenigen Wochen vor die Hunde, rasch, schmerzlos, widerstandslos.« Widerstandslos? Nicht Böll, der mit seiner erfolgreichsten Erzählung *Die verlorene Ehre der Katharina Blum* dartat, wie lebenszerstörend aus der Luft gegriffene

Unterstellungen sind, die massenweise unters Volk gebracht werden, wie Gewalt entsteht, und wohin sie führt. »Die Gewalt von Worten kann manchmal schlimmer sein als die von Ohrfeigen und Pistolen.« Das Wort ist ein scharfes Schwert, in falschen Händen aber ein gnadenloses Richtschwert.

Katharina Blum. 27 Jahre alt. Haushälterin. Sie lernt Ludwig Götten kennen. Sie verliebt sich. Sie verbringt die Nacht mit ihm. Götten aber ist des Bankraubs und Mordes verdächtig. Er wurde von der Polizei beschattet, weil sie glaubt, er stehe mit Terroristen in Verbindung. Am Morgen wird Katharina Blums Wohnung gestürmt. Weil sie ihm zur Flucht verhalf, wird sie festgenommen. Die ZEITUNG stellt den Verdacht gegen Götten, der in Wirklichkeit nur von der Bundeswehr abgehauen ist und die Kasse seiner Einheit mitgehen ließ, als Tatsache dar. Für die ZEITUNG ist Katharina seine Mittäterin, sein »Flittchen«. Die ZEITUNG fälscht Aussagen. So wird aus Katharina »eine sehr kluge und kühle Person«, »eiskalt und berechnend«, und als ihre Mutter stirbt, wird ihr der Tod zur Last gelegt, weil die Kranke den Schock ihrer Verhaftung nicht überlebt haben soll. Schweinische Anrufe, hasserfüllte Zuschriften prasseln auf sie ein. Als der Zeitungsreporter Werner Tötges behauptet, die sterbende Mutter besucht zu haben, glaubt Katharina Blum, er habe ihren Tod verschuldet. Sie erschießt ihn, danach stellt sie sich. Das Leben der Katharina Blum ist zerstört. Es wurde bedenkenlos der Auflagenhöhe geopfert. Heinrich Böll: »Per-

sonen und Handlung dieser Erzählung sind frei erfunden. Sollten sich bei der Schilderung gewisser
journalistischer Praktiken Ähnlichkeiten mit den Praktiken der ›Bild‹-Zeitung ergeben haben, so sind diese
Ähnlichkeiten weder beabsichtigt noch zufällig, sondern unvermeidlich.« Heinrich Böll hatte den Spieß
umgedreht. Der Gegenschlag aber folgte auf dem
Fuß.

Das Buch kam 1974 auf den Markt. Ein weltweiter
Erfolg, dann holte die »rechtsgerichtete« Presse aus.
Der Terrorist Holger Meins starb in der Haft an
einem Hungerstreik, die RAF ermordete im Gegen-
zug einen hohen Richter. Böll verurteilte die Tat, und
doch wurde ihm eine »Mitschuld« unterstellt, weil er
geholfen habe, die Gewalt zu säen. Eine Ungeheuer-
lichkeit. Heinrich Böll klagte gegen die Unterstellung,
doch erst Jahre später wird ihm Recht gegeben.
Zunächst aber hatte Heinrich Böll einen schweren
Stand im »Deutschen Herbst« 1977, in dem sich die
Gewalt überschlug. Generalbundesanwalt Siegfried
Buback: ermordet. Bankvorstandsvorsitzender Jürgen
Ponto: ermordet. Arbeitgeberpräsident Hanns Martin Schleyer: entführt, seine vier Begleiter erschossen.
Die Entführung dient der Freipressung von verurteil-
ten Terroristen. Als jedwede Verhandlung abgelehnt
wurde, folgte die Entführung der Lufthansamaschine
»Landshut«, doch die Geiseln in der Maschine wur-
den in Somalias Hauptstadt Mogadischu befreit. Die
RAF-Häftlinge begingen Selbstmord, am Tag danach
wurde Hanns-Martin Schleyer erschossen aufgefun-

den, und abermals geriet Heinrich Böll ins Fadenkreuz. Behauptet wurde wiederum, er stehe heimlich auf der Seite der Verbrecher. »Die Polizisten sollten mal beim Böll nachsehen, die sitzen da und trinken gemeinsam Kaffee.« Der Unterstellungen kein Ende.

In Würzburg wurde eine Aufführung einer Theaterbearbeitung der *Katharina Blum* verschoben, an einer Münchener Schule das Lesen der Erzählung abgebrochen. In Bayern stellte man die Frage, ob Werke von Heinrich Böll oder Günter Grass überhaupt an Schulen gehören. Eine verleumdende Hexenjagd, die ihn und seine Familie immer und immer wieder in die Nähe der Terrorszene rückte. Die Anfeindungen zeigten ihre Wirkung bei Heinrich Böll: Verschlimmerung seiner Zuckerkrankheit. Mehrmals musste er operiert werden. Das Alter griff nach ihm, doch einen wirklich großen Auftritt hatte er noch: 1981 die Friedenskundgebung im Bonner Hofgarten, gegen weiteres Aufrüsten und gegen die Stationierung von atomaren Mittelstreckenraketen in Deutschland. Dreihunderttausend Menschen. Die größte Versammlung der Bundesrepublik Deutschland. Für den Redner Böll am beeindruckendsten: die Vielzahl der jungen Menschen, was ihm Hoffnung gab. Und gleichfalls hoffnungsvoll für ihn: die Gründung der Partei der »Grünen«, die er unterstützte. Ärger aber blieb ihm selbst in seinen letzten Jahren nicht erspart. Nur ein Beispiel: Bei der Verleihung der Ehrenbürgerschaft seiner Geburtsstadt Köln zu seinem 65. Geburtstag weigerte sich die Christlich Demokratische Union, CDU, im Rat, die

Verleihungsurkunde zu verabschieden, in der Böll als »kritischer und engagierter Beobachter gesellschaftlicher Fehlentwicklung« gewürdigt wurde, stattdessen war sie nur bereit, ihn als »meisterhaften Erzähler und Schriftsteller« anzuerkennen. Erst als Böll kurz davor war, die »halbe« Ehre abzulehnen, weil ein guter Schriftsteller untrennbar beides sei, wurde eingelenkt.

Wer den Mund aufmacht, bekommt Prügel, das hatte Heinrich Böll bis zuletzt zu spüren bekommen. Das beste Schlusswort für einen, der sich nicht den Mund verbieten ließ, der kein Duckmäuser war, der ein Gewissen hatte, der für das Recht, die Menschen, die Freiheit des Wortes eintrat. Gegen alle mächtigen Widerstände. Er sprach es selbst, Böll auf der Hofgartenwiese in Bonn: »Wir wollen uns nicht lähmen lassen!« Sein Satz »Ich war kein Widerständler« mag für seinen Lebensanfang gegolten haben, doch sicher nicht für seinen langen Lebensrest.

Heinrich Böll, geboren 1917, gestorben 1985. Ein Leben zwischen Weltkrieg und Mauerfall, und so wie er, so musste auch ein weiterer Schriftsteller Schläge einstecken, der Widerstand leistete. Länderwechsel: Österreich. Ohlsdorf bei Gmunden am Traunsee.

DER THEATERMACHER
Thomas Bernhard

Selbst Hand anlegen! Schreinern, Fliesen legen, mauern, verputzen, die Obstbäume im weitläufigen Garten beschneiden. Er hatte eine der ersten Motorsägen, um im Wald Bäume selbst zu fällen. Als er sie ungeschickt benutzte, fuhr ihm die Kette ins Bein, das er sich beinahe absägte. In seinem Bauernhof parkt noch sein Wagen, in der Scheune steht der Traktorhänger, die Lampen im Kuhstall entwarf er nach einer alten Laterne, die er auf dem Hof fand. Im leeren Stall fuhr er mit dem Fahrrad im Kreis aus Lust an der Freude. Die schweren Tische im Haus stammen aus einem Wirtshaus, die Stühle ebenso. Sie sind aus Hartholz, damit sie bei den Dorfprügeleien mehr aushielten. Sein Haus sollte so werden, wie er sich einen alten Bauernhof vorstellte. Vor dem Maurer versteckte er die Wasserwaage, damit die neuen Wände nicht zu gerade wurden. Gummistiefel, Schlotterhose, ungewaschen, »verdreckt, stinkert und speckig«, herumlaufen. »Damit ich so ausschau' wie die Leut' hier.« Die Leut': die Bauern von Ohlsdorf, in dem der damals heruntergekommene Vierkanthof stand. Die meisten hielten ihn für einen Spinner. Beliebt war der Zugereiste nicht. Weder an seinem Lebensende noch an seinem Anfang. Ein uneheliches, ungewolltes Kind, das in Holland heimlich zur Welt gebracht werden musste, um der »Hurenschande« zu entgehen: Thomas Bernhard, 1931 bis 1989.

Die Mutter schuftete als Haushaltshilfe bis in die späte Nacht. Thomas Bernhard fühlte sich verlassen. Schmerz, Einsamkeit, Trauer brannten sich ihm ein. Ebenso ihre Vorwürfe. »Du bist ein Nichts, ich schäme mich deiner! Du bist so ein Nichtsnutz wie dein Vater! Du bist nichts wert!« Überfordert, gab sie ihn nach Wien zu ihren Eltern. Die Großmutter brachte dort die Familie als Köchin, Haushälterin, Hebamme, Kinderpflegerin durch. Der Großvater schrieb. Als Schriftsteller aber war er zu unausgegoren, um wirklich erfolgreich zu sein. Zum Leben reichte das nicht. Er arbeitete daher nebenbei als Aushilfe, Schreiber, Schneeschaufler. Die Lage wurde bald unhaltbar. Sie zogen aufs Land, nach Seekirchen, um billiger zu leben.

Thomas Bernhards einzige unbeschwerte Zeit. Er hatte ein Paar Schuhe für den Winter. Im Sommer trug er keine, doch das machte nichts. Er arbeitete ausgelassen im Heu, auf dem Feld, im Stall bei den Schweinen, Pferden, Kühen. Er lernte übereifrig, las und schrieb, bis ihm die Augen zufielen. Dann der Absturz. Seine Mutter hatte einen Friseurgehilfen geheiratet. Der wurde sein Vormund, und Thomas Bernhard musste zu ihnen nach Traunstein ziehen. Als zwei Geschwister geboren wurden, fühlte er sich als fünftes Rad am Wagen. Abschied aus dem Kinderparadies.

Traunstein, deutsch, erzkatholisch, nationalsozialistisch, Grenzkleinstadt, und Thomas Bernhard, der dahergelaufene Österreicher, der keine anständigen Kleider trug. Ihn traf der Spott, die Lehrer halfen ihm nicht. Im Gegenteil. Er wurde vor der Klasse bloßgestellt, gedemütigt, geschlagen. Thomas Bernhard ging zitternd in die Schule, kam weinend zurück. Seine Leistungen verschlechterten sich zusehends. In der engen Wohnung wurde er zum Lernen eingesperrt. Die entnervte Mutter schimpfte, sie wusste nicht, wie mit ihm fertig werden – er schwänzte die Schule, belog darüber die Eltern. Wieder Vorwürfe. Ein Teufelskreis. Thomas Bernhard, gerade mal sieben Jahre alt, dachte an Selbstmord. Als er sich später wirklich erhängen wollte, riss der Strick. Die Großeltern wurden seine Rettung. Sie zogen in die Nähe, fast täglich floh er zu ihnen. Sein Großvater verteidigte ihn gegen die Mutter und gegen die Nazilehrer, die 1938 den Anschluss Österreichs an das Deutsche Reich feierten.

Der Großvater verachtete Nazideutschland und die willfährig auf dem Wiener Heldenplatz Hitler zujubelnden Österreicher gleich dazu, die sich nach dem Krieg auch ganz unschuldig gaben. Das braune Nachkriegsösterreich wurde eines der großen Schreibfelder Thomas Bernhards. »In Österreich reden doch fast alle Leut', ohne sich viel zu denken, immer vom Vergasen. ›Der ist dem Hitler durch'n Rost g'fallen‹ und ›die g'hörn vergast‹. Und wenn wer ein' falschen Stöckelschuh anhat oder nicht ganz so geht, wie sie sich's einbilden, g'hört er schon vergast.« Für solche Sätze wurde er bei seinen Landsleuten gehasst. Oft genug setzten ihn die Angegriffenen auf die Anklagebank, und sein Theaterstück *Heldenplatz* wurde noch 1988, über vierzig Jahre nach Kriegsende, ein Skandal. Thomas Bernhard der Nestbeschmutzer.

In *Heldenplatz* kann Josef Schuster den unterschwelligen Judenhass in Österreich nicht mehr ertragen. Er stürzt sich im März 1988 aus dem Fenster seiner Wohnung am Wiener Heldenplatz. Er war Jude, hatte vor, nach England zu reisen, um wie schon im Zweiten Weltkrieg dem braunen Sumpf zu entkommen, doch in der neuerlichen Flucht sah er keine Hoffnung mehr. Als heimatloser Jude hätte er auch in England kein Zuhause mehr finden können. Die Trauergesellschaft kommt am Begräbnistag in seiner Wohnung zusammen. Sie sprechen über ihn, sein Denken, sein Leben. Zum Schluss aber fällt seine Witwe mit dem Gesicht auf den Tisch, während das Heil-Hitler-Geschrei vom Heldenplatz herauf immer lauter wird, das sie seit Jahrzehnten verfolgt und das sie zu hören glaubt. Die Witwe und der Tote: Judenhass und Nazi-denken haben sie am Ende nach all der Zeit doch noch zur Strecke gebracht. *Heldenplatz*: Vor der Auf-führung war das Stück Verschlusssache, danach erhielt Thomas Bernhard Morddrohungen. »Es gibt jetzt mehr Nazis in Wien als achtunddreißig.« So heftig Thomas Bernhards Ausfälle darin gegen Österreich sind, die Beschimpfungen gegen ihn waren bei Wei-tem übler. Nach den Angriffen verbot Thomas Bern-hard jede Aufführung seiner Stücke in Österreich. Die Verfügung stand in seinem Testament. Nach der Premiere von *Heldenplatz* lebte Thomas Bernhard nur noch wenige Wochen. Das Stück hatte zum größ-ten Aufschrei in Österreich geführt, doch längst nicht zum einzigen.

Zurück in der Zeit. 1941, Thomas Bernhards Vor-hölle. Das Kind, der Bettnässer, zehn Jahre alt. Er wurde »zur Erholung« geschickt, kam in das Nazi-schülerheim Saalfeld in Thüringen. Zwei Tage dauerte die Fahrt dorthin, Essen hatte er nicht dabei. Das Heim war kein Erholungsheim, sondern eines für schwer Erziehbare. Wer nicht gehorchte, wurde bestraft. Bett-nässerei aus Angst. Sein gelb beflecktes Bettzeug wur-de beim Frühstück an die Wand gespannt. »Tortur«, »Quälmaschine«, »Erziehungskerker«, »Geistver-nichtungsanstalt«, »Verstümmelungsmaschinerie« nannte er auch seine Schule in Salzburg, die er seit 1943 besuchte, der »erzbischöflich – stumpfsinnig – nationalsozialistisch – katholische Todesboden«, den er in *Die Ursache* beschrieb, eines von fünf Büchern, in denen er sein Leben nachzeichnete. Für *Die Ursache* wurde er angezeigt. Ein Pfarrer sah sich verleumdet. Im Buch ist er der »Onkel Franz«, der das Salzburger Schulheim genauso grausam gegen die Zöglinge leitete wie zuvor der NS-Aufseher. Nationalsozialistisch oder katholisch – für Thomas Bernhard ein nahtloser Übergang. Das Gerichtsverfahren endete mit einem Vergleich. Thomas Bernhard strich Stellen, die Klage wurde zurückgezogen, das Buch erschien weiter. Die Salzburgbeschimpfungen dagegen wurden nicht angetastet. Thomas Bernhard war unerbittlich. Dem Buch wurde der Landesrekord an österreichischer Selbstzerfleischung zuerkannt.

In Salzburg hatte ihn der Krieg eingeholt. Das Entsetzen der Luftangriffe, die Leichen, die Schreie der Überlebenden vergaß er nie. Statt in die Schule zu gehen, arbeitete er als Aushilfsgärtner, und nach dem Krieg schmiss er die Schule hin. Kaufmannslehre. Inmitten allen Elends entdeckte er die Musik für sich. Doch Sänger zu werden erfüllte sich für ihn nicht. Beim Abladen einer Fuhre Kartoffeln erkältete er sich im Schneetreiben. Er verschleppte die Erkältung, die sich zur Rippenfellentzündung auswuchs, bis er bewusstlos ins Krankenhaus gebracht wurde. Die Lage war ernst. Man schob ihn aus dem Zimmer der Todkranken in ein Badezimmer, um dort abgesondert zu sterben. Er bekam die Letzte Ölung und wurde alleingelassen. Thomas Bernhard, *Der Atem*: »Plötzlich fällt die nasse und schwere Wäsche, die die ganze

Zeit an einem quer durch das Badezimmer und gerade über mir gespannten Strick aufgehängt gewesen war, auf mich. Zehn Zentimeter, und die Wäsche wäre auf mein Gesicht gefallen, und ich wäre erstickt.« Ab und an schaute eine Schwester herein, ob er schon gestorben sei, doch Thomas Bernhard starb nicht. Er wurde ins Zimmer der Todgeweihten zurückgebracht, lag dort wochenlang. Sein Zustand aber besserte sich. Er kam in ein Erholungsheim. Das Zimmer dort ging auf den Friedhof. Im »Todeshotel« verschlimmerte sich alles. Tuberkulose. Eine neue Leidensgeschichte begann.

Noch ein Schlag: Die von den Jahren der Sorgen abgearbeitete Mutter lag im Sterben. Hoffnung bestand keine. Thomas Bernhard wachte an ihrem Bett. Sie redeten stundenlang, schlossen ihren Frieden, dann musste Thomas Bernhard sie verlassen. Er wurde in eine weitere »Todesproduktionsstätte« überwiesen. Lungenheilanstalt. Zwei Jahre tiefster Schwermut. Zimmer mit zwölf Betten, zwei Aborte und ein Waschraum für achtzig Männer. Eher Strafanstalt als Heilanstalt. Mit Spuckflasche und Fiebertafel wurde Thomas Bernhard in die »Todesgemeinschaft« aufgenommen. Die Musik, das Lesen und das Schreiben aber hielten ihn über Wasser. Thomas Bernhard, *Die Kälte*: »Ich hatte mich schon zu dieser Zeit in das Schreiben geflüchtet, ich schrieb und schrieb, ich weiß nicht mehr, Hunderte, aberhunderte Gedichte, ich existierte nur, wenn ich schrieb.« Eine Lesung im kleinen Kreis wurde beklatscht. Das gab ihm Auftrieb.

Dazwischen immer wieder schmerzhafte Eingriffe in die Lunge. Schnitt auf Schnitt. Thomas Bernhard wurde als geheilt entlassen, dann erneut eingeliefert. Er schrieb weiter, er sang weiter, um die Lunge zu kräftigen, und kam dann als vermeintlich Gesunder frei. Ein Fehler. Er quälte sich lebenslang mit seiner Atemnot herum. Die steilen Stiegen im Ohlsdorfer Bauernhof konnte er oft kaum gehen, manchmal wurde der Weg von der Haustür zum Hoftor lang. In Wien oder Salzburg tat er so, als ob er Schaufenster betrachten würde, nur um unauffällig Atem zu holen.

Noch schwankte sein Berufswunsch zwischen Sänger oder Schriftsteller. Bei einem Vorsingen im Salzburger Landestheater wurde ihm empfohlen, lieber Fleischer zu werden. Stattdessen wurde er Schauspielschüler. Er war begabt. Rollen lernen, Dramaturgie, Regie: Thomas Bernhard, der achtzehn Theaterstücke insgesamt schrieb, lernte sein Rüstzeug. Am Theater kam er nicht unter, dafür bei der Zeitung. Als er über das Salzburger Landestheater als Rummelplatz der Stümperei herzog, fing er sich seine erste Beleidigungsklage ein. Seine späteren Beschimpfungen des »alpenländischen Exklusivschwachsinns« deuteten sich an. Und doch: Seine Gedichte wurden veröffentlicht, er begann an sich zu glauben. Mit Gedichten, Kurzopern, Erzählungen, Einaktern erschrieb sich Thomas Bernhard seinen Stil. Karg, knapp, auf den Punkt, ständige Satzwiederholungen, Selbstgespräche, die er vor allem auch dem wichtigtuerischen Kunstbetrieb entgegenschleuderte. Thomas Bernhard verachtete die aufgeblasene Kunst-und-Kultur-Schicke-ria. Als er Jahrzehnte später einen seiner Gönner verspottete, dessen Musik er als verabscheuungswürdige Staatsanbiederungskunst niedermachte und ihn in *Holzfällen* als versoffenen, lächerlichen Musiker beschrieb, wurde Thomas Bernhard wieder angezeigt. 1984 wurde *Holzfällen* in den österreichischen Buchhandlungen beschlagnahmt. Im Gegenzug verbot Thomas Bernhard den Verkauf aller seiner Bücher in Österreich. Für ihn ein gutes Geschäft. Das Buch ging unter der Ladentheke weg wie nichts. Im Jahr darauf wurde die Klage zurückgezogen, und Thomas Bernhard hob das Auslieferungsverbot auf. Nebenbei bemerkt, befindet sich *Holzfällen* damit in guter Gesellschaft. Das Buch ist nur eines auf der langen Liste gebannter Bücher. Mark Twains *Tom Sawyer*, Harriet Beecher-Stowes *Onkel Toms Hütte*, Cervantes' *Don Quijote*, Swifts *Gullivers Reisen*, Hesses *Der Steppenwolf*, Charles Dickens' *Oliver Twist*, Flauberts *Madame Bovary*, Goethes *Die Leiden des jungen Werther* – viele Bücher der Weltliteratur wurden irgendwo, irgendwann von irgendwem untersagt. Das wohl erstaunlichste Buchverbot: 1998, Kalifornien. Zwei Schulen verwehrten ihren Schülern das Märchen *Little Red Riding Hood*, das *Rotkäppchen* der Gebrüder Grimm. Begründung: Im Korb mit Geschenken, den Rotkäppchen zur Großmutter trägt, liegt eine Flasche Wein. Dies würde die Schüler zum Trinken verleiten.

Noch einmal Sprung zurück: 1962. Thomas Bernhard hatte angedeutet, binnen vier Wochen einen Roman zu schreiben. In der Hitze des Hochsommers saß er in Badehose und schrieb, alle zwei Stunden duschte er. Titel des Romans: *Frost*. Keine feschen Bauernbuben, keine heiratsversessenen Mädel, keine Kitschalpen. *Frost* ist finster, voll gnadenloser Kälte, dumpf, gewalttätig, hundselende Gauner, fette, aufgequollene, durchtriebene Dörfler. *Frost* ist Antiheimatliteratur, die Gegenbewegung zu den überaus kitschigen Jodel-Liebes-Berg-und-Bauern-Romanen, deren Beliebtheit seit dem Dritten Reich nicht nachgelassen hatte. Martin Sperr mit dem Theaterstück *Jagdszenen aus Niederbayern*, Franz Xaver Kroetz mit *Heimarbeit* und *Wildwechsel* oder Rainer Werner Fassbinder mit *Katzelmacher* – wie Thomas Bernhard schrieben sie schwarze Heimatstücke ohne Schnulzenlieder und Lederhosen. Gegenwelten zum heilen Dorf. Das Böse lauert hinter der Trachtenfassade überall. Mord und Totschlag, Vergewaltigung und Prügel. Das Dorf ist dem Außenseiter feindlich gesonnen. Thomas Bernhard kannte das.

Als *Frost* im Frühjahr 1963 erschien, kam Thomas Bernhard endlich auch zu Geld. Das Buch wurde sein Durchbruch, doch noch immer machte ihm die Lunge schwer zu schaffen. Er war erschöpft, versprach sich Erholung von Einsamkeit und guter Luft, und weil ihm geraten wurde, aufs Land zu ziehen, suchte er sich ein Haus. Den Traum, ein eigenes Haus auf dem Land zu besitzen, hegte er schon lange. Er kaufte sein »Ohlsdorfer Narrenhaus«. »Denkkerker«, »Selbstgesprächskerker«, »Falle«, »Gruft«: Was als Fluchtburg

gedacht war, wurde zur Zelle. In der Abgeschieden-
heit lauert der Wahnsinn. Die Umbauten verschlan-
gen so viel Geld und so viel Zeit, dass Thomas Bernhard den Hof wieder loswerden wollte. Ein halbes
Jahr lang kam er nur noch zum Umbauen, aber nicht
mehr zum Schreiben. Doch er behielt den »Vier-
kanter«, denn er brauchte das Haus. Mehr aber noch
brauchte er die Schulden. Sie trieben ihn an, seine
Schreibhemmungen zu überwinden. Nichts zwang
ihn mehr zum Schreiben als Schulden. Hatte er sie im
Griff, machte er neue. Schulden, Schreiben, Abbezah-
len, Schulden, so drehte sich das Rad.

Eigentlich sei das Haus ein Gefängnis, so Thomas
Bernhard, denn je länger er mit Österreich im Streit
lag, desto ärger fühlte er sich bedroht. Die einstige
Burg wurde endgültig sein Verlies. Mit seinen Erfol-
gen wurden aus Besuchern Feinde, aus Neugierigen
Belagerer. Hinter der Küchentür hing ein Totschläger,
an den Gardinenstangen Gewehre, auf Tischen lagen
Hirschfänger. »Die Leute gehen am Wochenende, wie
sie früher Affen schauen gegangen sind, jetzt Dichter
schauen.« Thomas Bernhard beobachtete sie dann
hinter dem Vorhang, versteckt wie ein verrückter
Sträfling hinter Gittern. »Unerträglich.« Er floh immer öfter aus Ohlsdorf und begeisterte sich ganz am
Ende an der Vorstellung, dass der Hof nach seinem
Tod niedergebrannt würde. Sein gesamter Nachlass
sollte vernichtet werden. Thomas Bernhard wollte
völlig aus dem Leben verschwinden. Sein literarisches
Testament, sein letzter großer Roman, heißt *Aus-*

löschung. Ein Zerfall. Alle Kunst sinnlos, alles Schreiben nichtig, die Künstler ein nichtssagendes Pack, eitle Gaukler bestenfalls, wie in seinem Bühnenstück *Der Theatermacher* von 1984.

Der Staatsschauspieler Bruscon tourt mit seiner Familientheatertruppe aus Frau, Sohn, Tochter über Land. Im Dorf Utzbach soll »Das Rad der Geschichte« erfolgreich auf die Wirtshausbühne, das er selbst geschrieben hat. Der Bühnenraum ist ihm zu schwül, er fürchtet, dass der Boden durchbricht, überhaupt, Utzbach ist völlig unangemessen für ihn und sein herausragendes Werk. Er klagt, ächzt, stöhnt. Alles ist nicht gut genug, außer natürlich er selbst, der Staatsschauspieler. Die Frau mit ihren »gespielten Krankheiten« putzt er bei den Proben herunter, er beschimpft den Sohn als seine »größte Enttäuschung«. Auch die Tochter muss leiden. Bruscon ist ein Tyrann, der alle abkanzelt, sich selbst aber über den grünen Klee lobt. Er merkt nicht, dass er längst selbst auf den Hund gekommen ist. Seine Komödie, in der alle Komödien enthalten sind, nur besser natürlich – sie geht schief. Im Dorf ist »Blutwursttag«, die Dörfler haben Besseres zu tun. Blitz und Donner zu Beginn der Aufführung – die Bauern, die gekommen sind, machen sich davon. Ein Blitz schlägt ein, der Regen dringt durchs Dach. Bruscon bleibt starr im Regen zurück.

Bewegungslosigkeit auch in *Ein Fest für Boris*: fünfzehn Beinlose in Rollstühlen, eingeladen, tyrannisiert und schikaniert von einer selbst schwerbehinderten Dame der besten Gesellschaft, die für ihren

zweiten Mann, den Invaliden Boris, ein Geburtstags-
fest gibt. Sie, die nur »die Gute« genannt wird, hat ihn
aus dem »Krüppelasyl« geholt, hat aber zugleich eine
Schneise in ihren Park schlagen lassen, damit er die
Elendsbehausung immer vor Augen hat. Bei schlechter Laune droht sie, ihn sofort dorthin zurückzu-
schicken. Die Festgäste sind seine alten Leidensgenossen. Sie essen und trinken und schimpfen über ihr
Leben, reden aber darf eigentlich bloß »die Gute«, die
ihre Bösartigkeit an ihnen auslässt. Sie hatte Boris
nur geheiratet, weil er der »erbärmlichste« war, der
ihr von allen am besten ausgeliefert ist. Ausgeliefert
auch die Einzige mit Beinen, die Dienerin Johanna,
die für das Fest angegurtet wird, damit sie dazupasst.
Das Geburtstagsgeschenk für Boris ist eine Trommel.
Er darf auf die Pauke hauen, wenn auch zum letzten
Mal. Er stirbt am Schluss. Er bricht zusammen, »die
Gute« dagegen bricht in wieherndes Gelächter aus.

Thomas Bernhard: Jedes Jahr ein weiteres Stück,
manche wurden Hunderte Male vor ausverkauftem
Haus gegeben. Alle an den großen Bühnen, alle her-
vorragend besetzt, alle ausgezeichnet inszeniert und
alle ein Fehdehandschuh. Ging eines nicht gut, sorgte
Thomas Bernhard schlitzohrig für neues Gezeter. Be-
liebte Gelegenheit dafür: Preisverleihungen. Bei Thomas Bernhards Dankesrede für den Österreichischen
Staatspreis verließen der Unterrichtsminister, sämtliche
Schriftsteller und Kulturfunktionäre den Saal. Einen
weiteren bereits verliehenen Preis bekam er darauf in
einer Papprolle zugesandt. Als Thomas Bernhard für

den Nobelpreis vorgeschlagen wurde, äußerte er schon im Vorfeld, er werde ihn nicht annehmen.

Und doch ging der Nobelpreis nach Österreich, wenn auch viel später. Elfriede Jelinek erhielt ihn, die sich mit ihren Büchern und Theaterstücken mit der Sucht nach Geld, Macht, Wohlstand beschäftigt. Eines ihrer Ziele: das Bewusstsein der »Unterschicht« zu schärfen für ihre alltägliche Manipulation durch Politik und Konsum. Ein zweites ihrer Ziele: Darstellung der Unterdrückung der Frau. Und immer wieder bei ihr ein Thema: Sex. Alles zusammen wurde besonders in Österreich als pure Kriegserklärung betrachtet. Der Gegenschlag der an den Pranger Gestellten: beschimpfen. Lesefolter sei ihr Schreiben, schweinisch anrüchig, und von der Bösartigkeit ihres Geschriebenen wurde auf ihre eigene Bösartigkeit geschlossen. Lieblos und unmenschlich sei sie, weil sie lieblos und unmenschlich schreibe. Barer Unfug. Ihr Roman *Lust* wurde dennoch schon im Vorfeld verurteilt, genauso wie ihr Theaterstück *Raststätte*, und wie Thomas Bernhard verhängte sie ein zeitweiliges Aufführungsverbot ihrer Stücke. Wie die Jelinek so der Bernhard. Auch bei ihm: Skandal folgte Skandal. Schon sein Stück *Ein Fest für Boris* sollte wegen Verunglimpfung Behinderter abgesetzt werden. Die deutsche Erstaufführung von *Der Präsident*, einer Komödie über Anarchie, wurde absichtlich auf den Tag des Beginns des Baader-Meinhof-Terroristenprozesses gelegt, und das Stück *Vor dem Ruhestand*, in dem ein Gerichtspräsident in SS-Uniform jedes Jahr Himmlers Geburtstag feiert, dessen an den Rollstuhl gefesselte Schwester dazu eine KZ-Häftlingsjacke tragen muss, griff den baden-württembergischen Ministerpräsidenten Hans Filbinger an, der als Marinerichter noch in den letzten Kriegstagen Todesurteile hatte vollstrecken lassen.

Die Jagdgesellschaft, *Der Weltverbesserer*, *Der Ignorant und der Wahnsinnige*, *Der Schein trügt* – Thomas Bernhard war einer der meistgespielten Theaterautoren. Die jahrelange Schreibquälerei aber nahm ihn mit, die Auseinandersetzungen um seine Stücke und Romane machten ihn mürbe, denn so kampfeslustig Thomas Bernhard war, so sehr litt er unter den wüsten Beleidigungen. Nur sein Wille hielt ihn zuletzt noch aufrecht. Das Gehen fiel ihm immer schwerer. Um sich nach *Heldenplatz* zu schonen, war er wie so oft in seinem Leben in den Süden gereist, wo er sich in der trockenen, warmen Luft vom nasskalten Österreich erholen wollte. Nur mühsam schaffte er den kurzen Weg zum Strand, und bald musste er nach Österreich zurückgebracht werden.

Thomas Bernhard war achtundfünfzig Jahre alt, als er sein Testament unterschrieb. Sein Todestag: der 12. Februar 1989. Sein eigentliches Vermächtnis aber waren seine Bücher und seine Stücke. Und dass die alte Erkenntnis noch immer gilt: Der Mensch ist des Menschen Wolf, und das wiederum ist ein gutes Stichwort für einen Theaterbesuch in der Schweiz.

WAS EINMAL GEDACHT WURDE, KANN NICHT ZURÜCKGENOMMEN WERDEN
Friedrich Dürrenmatt

Die am Bühnenstück Beteiligten: die Einwohner der Kleinstadt Güllen. Die Hauptfiguren: Alfred Ill und Claire Zachanassian. Güllen ist verarmt, Claire dagegen steinreich. Sie kehrt zurück in die Stadt ihrer Jugend, im Gepäck ein Angebot. Damals hieß sie Klara Wäscher, und sie kommt, um sich zu rächen. Einst war sie vertrieben worden. Sie hatte von Alfred Ill ein Kind erwartet, der aber hatte die Vaterschaft bestritten. Für das Gerichtsverfahren, das Klara gegen ihn anstrengte, hatte er Zeugen bestochen. Er gewann, obwohl ganz Güllen die Wahrheit kannte. Danach musste Klara in Schimpf und Schande, arm, wehrlos, entehrt, Güllen verlassen. Sie wurde zum Freuden- mädchen, doch sie hatte Glück. Sie heiratete einen Ölquellenbesitzer. Nicht ihre einzige Heirat. Mann folgte auf Mann, und ihr Vermögen wuchs ins Un- ermessliche. Nun steht »die reichste Frau der Welt« in Güllen, und für die abgewirtschaftete Stadt wird der Besuch der alten Dame zur Hoffnung auf endlich bessere Tage. Doch vor das Geld hat Claire Zachanas- sian ihre Bedingung gesetzt: 500 Millionen für Güllen, weitere 500 Millionen für die Bürger, ein Toter für sie. Sie werde zahlen, sobald Alfred Ill von den Güllenern umgebracht ist. Den Sarg hat sie gleich mitgebracht. Blankes Entsetzen, entrüstete Ablehnung.

Doch seltsam, die braven Bürger beginnen mehr und mehr Geld auszugeben, das sie nicht haben. Ge- kauft wird auf Pump, als ob allen bald ein Vermögen ins Haus stehe. Geld ist Macht, Geld regiert die Welt – das ist Claires Plan, und der geht auf, denn sie rächt sich so nicht nur an Ill, sondern ebenso an den Gül- lenern, die damals schwiegen. Und sie kann warten. Göttinnengleich thront sie ungerührt auf dem Hotel- balkon. Gelassen sieht sie dem Treiben der Güllener zu, deren anfängliche Empörung sich rasch als lächer- liches Getue verlogener, hohler, geldgieriger Schwät- zer erweist. Selbst der Pfarrer bedrängt Ill, doch ge- fälligst nicht so sündhaft am Leben zu hängen. Der Bürgermeister bringt ihm ein Gewehr. Abdrücken, Bürgerpflicht erfüllt, Opfer für das Gemeinwohl, Stadt gerettet. Er sei ja auch ein rechter Schuft gewesen, arme Claire. Die Schlinge zieht sich zu. Eine Gemeindeversammlung entscheidet über Ills Schicksal, der sich ihr beugt. Er stellt sich seiner Schuld. »Wer reinen Herzens die Gerechtigkeit verwirklichen will, der hebe die Hand.« Alle heben die Hand, alle außer Ill, denn dies ist nun seine Rache an ihnen: Er macht sie alle zu Mördern. Im Saal werden die Lichter gelöscht. Als sie wieder angehen, ist Ill tot. Ein Turner hat ihn erwürgt. Der Stadtarzt bescheinigt: Tod durch Herzschlag. Der Bürgermeister fügt hinzu: Tod durch Freude, seiner Heimat die wirtschaftliche Rettung ermöglicht zu haben. Die Zeitung greift die Schlagzeile gerne auf: »Tod durch Freude. Das Leben schreibt die schönsten Geschichten.« Claire lässt den Toten in den mitgebrachten Sarg legen, der Bürgermeister bekommt den Scheck.

Der Besuch der alten Dame. Autor: Friedrich Dürrenmatt. Er nannte das Stück eine tragische Komödie. Tragische Komödie? Die Nachschlagewerke sagen zu Tragödie: Trauerspiel, die früheste Gattung des Dramas, gestaltet einen unvermeidlichen und unausgleichbaren Konflikt, der zum Untergang des Helden führt. Zu Komödie heißt es: Lustspiel, bühnenmäßige Gestaltung komischer Ereignisse mit heiterem Ausgang. Und zu beider Mischung, der Tragikomödie: Stück von zum Teil tragischem Charakter mit glücklichem Ausgang. Glücklicher Ausgang? Nicht bei Friedrich Dürrenmatt, denn er sah den seit Jahrhunderten unternommenen Versuch als gescheitert an, den Menschen durch Furcht und Schrecken im Trauerspiel zu bessern oder ihn in der Komödie durch Lachen zum Nachdenken zu bringen. Was seit Goethe gehofft worden war, hatte nicht gefruchtet. Die »schöne Kunst« hatte den Menschen nicht zum Guten erzogen. Sie war wirkungslos geblieben. Nach den grauenvollen Schrecken der beiden Weltkriege hatte sich der Glaube, den Menschen mit Buch oder Bühne läutern zu können, endgültig als Irrglaube herausgestellt. Der Mensch ist nicht gut. Punkt. Zu stark seine Triebe, denen er rücksichtslos nachgeht, zu stark die Gier nach Macht, Herrschaft, Reichtum, der alles und alle geopfert werden. Zählten die Kriegsopfer in Urzeiten noch nach Hunderten, später dann nach Tausenden, wurde nunmehr nach Millionen abgerechnet. Das Leben des Einzelnen, sein Schicksal, sein Streben nach Glück spielt keine Rolle mehr. Er ist nur Teil einer unüberschaubaren Masse, ein Rädchen der verwirrenden Weltmaschine, in der er bestenfalls funktionieren, die er aber weder verändern noch anhalten und schon gar nicht verstehen kann. Er ist hilflos ausgeliefert. Zu vielfältig die Lebensbereiche, zu viel Wissen auf jedem Gebiet, als dass auch nur ein einziges zu überblicken wäre. Goethe galt als letzter »Universalgelehrter«. Wenn die Lebens-, Welt-, Gesellschaftszusammenhänge aber nicht mehr durchschaut werden können, bleibt nur, ihre Missstände der Lächerlichkeit preiszugeben, um sie mit Glück doch noch zu entlarven. So zumindest bei Friedrich Dürrenmatt. Er übertreibt, er verzerrt, wunderlich, närrisch, bitterböse, rabenschwarz ist sein Humor: Dürrenmatts Theater ist »groteskes« Theater. Seine Komödien enden tragisch, das Lachen bleibt im Hals stecken. »Eine Geschichte ist dann zu Ende gedacht, wenn sie ihre schlimmstmögliche Wendung genommen hat.« *Der Besuch der alten Dame*, *Die Physiker*, *Die Ehe des Herrn Mississippi* und *Der Meteor*, die vier Stücke seines Weltruhms, sind »Untergangsstücke« und stellen allesamt die Frage der Mitverantwortung des Einzelnen als Teil des gesellschaftlichen Ganzen.

Beispiel: *Die Physiker*. Im Irrenhaus stellen sich drei Kernphysiker verrückt. Der eine, Agent des Ostblocks, gibt sich für Einstein aus, der andere, Agent der Westmächte, hält sich für Newton, und beide belauern Möbius, der heuchelt, von Salomo, dem weisen König Israels aus dem Alten Testament, besucht zu werden. Vor fünfzehn Jahren war er in das Irrenhaus geflohen, um seine Forschungen vor Wirtschaftsbossen, Politikern und Militärs zu schützen. Die Agenten wollen ihm seine »Weltformel« abjagen, die Menschheit, Erde, All zu vernichten vermag. Um nicht aufzufliegen, ermorden die drei Physiker ihre Krankenschwestern, die sie durchschaut haben. Als die Polizei im Haus ermittelt, verbrennt Möbius seine Aufzeichnungen, um sie für immer zu zerstören. Die drei Physiker erkennen die Gefährlichkeit ihres Wissens, das alles vernichten kann. Sie gelangen zu dem Schluss, dass sie im Irrenhaus bleiben müssen, um die Welt vor dem Irrsinn zu retten. Umsonst. Der Wahnsinn ist nicht mehr aufzuhalten. »Was einmal gedacht wurde, kann nicht zurückgenommen werden.« Die

Anstaltsleiterin, die ernsthaft glaubt, im Auftrag König Salomos zu handeln, hat die Weltformel längst kopiert, um die Weltherrschaft an sich zu reißen. Im Irrenhaus ist sie die einzig wirklich Irre. In den Händen der Verrückten liegt das Schicksal der Menschheit. Schön erfunden? Ja. – Nur erfunden? Nein. Im Februar 1962 wurde das Stück erstmals aufgeführt, im Oktober 1962 schlitterte die Welt in die Kubakrise.

Die Welt am Abgrund: Der Zweite Weltkrieg war seit siebzehn Jahren vorbei, doch wirklich aufgehört hatte er nie, denn die einstigen Kriegsverbündeten waren noch immer hochgerüstet und bereit, gegeneinander loszuschlagen. Der Kalte Krieg zwischen Ost und West drohte nun endgültig zum heißen Krieg zu werden. Im Kampf um die Vormacht in der Welt wurde mit dem Bau der Berliner Mauer am 13. August 1961 der »Eiserne Vorhang« sinnfällig zugezogen. Die Welt war geteilt und trudelte dem Untergang entgegen, weil in einem Rüstungswettlauf die Armeen mit den entsetzlichsten der Waffen bestückt worden waren: den Atomraketen. Bislang hatte die »Balance of Power«, das Gleichgewicht der Kräfte, den dritten Weltkrieg durch »Abschreckung« verhindert. Das bedeutete, dass auf jede kriegerische Handlung eines der beiden Blöcke der andere mit dem gleichzeitigen Einsatz aller verfügbaren Atombomben antworten wird, um den Gegner durch einen Atomschlag vollständig auszulöschen, ohne Rücksicht auf die weltweiten Folgen eines nuklearen Krieges, und im klaren Wissen, dass beim Anflug der ersten Rakete auch der Gegner seine »Vögel« in die Luft bringen wird. Wer zuerst zuschlägt, stirbt als Zweiter.

Im Oktober 1962 aber stockte der Menschheit der Atem, als sie dreizehn Tage lang vor der atomaren Vernichtung stand. Auf dem mit der Sowjetunion verbündeten Kuba waren vor Amerikas Haustür Abschussrampen gebaut worden, und eine sowjetische Flotte war auf dem Weg, die dazugehörigen, mit Atomsprengköpfen bestückten Mittelstreckenraketen zu liefern. Deren kurze Flugdauer ließen den Vereinigten Staaten keine Vorwarnzeit, um sie abzuwehren oder die Bevölkerung in Sicherheit zu bringen. Der amerikanische Präsident John F. Kennedy entsandte daher Kriegsschiffe, die Kuba abriegelten, die Sowjetflotte jedoch hielt unbeirrt Kurs. Die Beteiligten wussten, treffen sie aufeinander, genügt ein nervöser Finger für den Beginn des dritten Weltkriegs, und so drehten nach tagelangem Tauziehen um eine Lösung die Sowjetschiffe im allerletzten Moment doch noch bei. Knapp dem Verderben entronnen, kehrte trotzdem keine Besinnung ein. Obwohl der Schock der Kubakrise tief saß, ging das Wettrüsten weiter. Immer mehr Raketen, immer mehr Vernichtungskraft bis hin zum »Overkill«, der Fähigkeit, die Menschheit mehrfach auszulöschen. Das Richtschwert eines Atomkriegs hing in den kommenden Jahrzehnten über allem.

Die Menschheit vor dem Aus, weil Wissenschaftler die Atombombe gebaut hatten, ohne nach deren Folgen zu fragen. Die Physiker, die Heinar Kipphardt in seinem Stück über den »Vater der Bombe« *In der Sache J. Robert Oppenheimer* beschrieb, hatten in Amerika die erste Atomwaffe gebaut, weil sie gebaut werden konnte. Ob sie gebaut werden durfte, danach wurde nicht gefragt. Bomben, Viren oder Umweltgifte – für die Folgen ihrer Forschung erklärt sich die Wissenschaft selten verantwortlich. Die Gefahren werden in Kauf genommen, solange der Gewinn stimmt. Dürrenmatt: »Die Welt ist eine Tankstelle, an der das Rauchen nicht verboten ist.« Dürrenmatt beschrieb die Tankstelle immer wieder knochentrocken in seinen Stücken und wurde dafür »pessimistischer, pechschwarzer Poet«, »albernes Genie« genannt, ein »Prediger mit Pfiff«, der das Schrecklichste verkündet, ohne die Laune zu verderben. Der »Unruhestifter« in bestem Sinn, mit einem »unverwechselbaren Riesenwerk«, in dessen düsterem »Weltuntergangstheater« kein Hoffnungsstrahl über die Bühne schimmert. Und trotzdem: »In seinem Reich ging die Sonne niemals auf. Außer, wenn seine Zuschauer lachten. Also ständig.«

Er selbst hatte nicht allzu viel zu lachen gehabt. Zumindest anfangs nicht. Friedrich Dürrenmatt, 1921 bis 1990, bibelgetränkter Pfarrerssohn. Sein Großvater hatte Gedichte gegen Krämerseelen und Amtsschimmel geschrieben. Für eines von ihnen musste er ins Gefängnis. Dass er selbst dagegen später trotz seiner harschen Gesellschaftsrügen nur Preise und Ehrungen bekam, ärgerte Dürrenmatt. Vom Dorfpfarrerssohn wurde überall besonders gutes Benehmen verlangt.

Das macht einsam. Die Bauernbuben stellten ihm nach, um ihn zu verprügeln. Er entkam auf Schleichwegen. Auf der höheren Schule elend schlecht, las er lieber Swifts *Gullivers Reisen*, Jeremias Gotthelfs *Die schwarze Spinne*, Jules Verne oder Karl May. Er flüchtete sich in die Malerei, die er lebenslang betrieb, doch er wurde kein Maler. Obwohl er viel zu viel versäumt hatte, bestand er seinen Abschluss. Erst wenige Wochen vor der Prüfung hatte er begonnen, Tag und Nacht zu pauken. Auf die Kunsthochschule ging er nach dem Schulabschluss dennoch nicht. Maler, die seine Bilder beurteilten, verurteilten sie. Entmutigt, wurde aus dem erbärmlichen Schüler ein Bummelstudent in Zürich und Bern. Ein Kneipengänger, der zu schreiben begann, von Kriegskrüppeln, Henkern, Gefolterten, Folterern, Huren, Toten, Gesindel, Irrsinnigen. »Mühseliges, gequältes Geschreibsel.«

All das sind nur Schlaglichter auf einen, der von sich selbst sagte: »Ich habe keine Biographie.« Sprich: keine Riesenaufreger, keine Skandale, keine Frauengeschichten, keine wüsten Drohungen gegen ihn. Keiner wie der Schriftsteller Arno Schmidt etwa, dem nachgesagt wurde, er sei zu einer Preisverleihung nur im Jackett, aber ohne Hemd gekommen, um gleich zu zeigen, wie bedürftig er sei, und auch keiner wie Rainald Goetz, der sich während seiner Lesung beim Wettbewerb zum Ingeborg-Bachmann-Preis mit einer Rasierklinge die Stirn aufschnitt, um seinen Text zu besudeln, bis er blutüberströmt zu lesen aufhörte. Friedrich Dürrenmatt, verheiratet, drei Kinder, eigenes

Haus in Neuchâtel, Tod seiner Frau nach siebenunddreißig Ehejahren, noch einmal verheiratet. Punkt. Einer, der seinen Weinkeller pflegte, der radelte, der das Leben ernst nahm, aber nicht zu ernst. Heiter, fast gemütlich, weder nur schwarzsehend noch verbittert. Einer, der Hunde hasste, weil er einst gebissen wurde, einer, der ein angekündigtes Theaterstück zum Heizen benutzte, das ihm missraten war, und stattdessen als raschen Ersatz auf dem kurzen Heimweg vom Milchholen *Romulus der Große* ersann, einer, der als armer Schreiber allen Verlegern, die er kannte, Geschichten versprach, die er nie schrieb. »Ich muss zu meiner Ehre sagen, jedem erzählte ich eine andere Geschichte. Und am Abend war ich finanziell aus dem Schlimmsten heraus.« Die gezahlten Vorschüsse durfte er behalten. Sie hatten Verständnis für ihn. Nur ein Einziger verlangte sein Geld zurück. Als ihm für eine Fortsetzungsgeschichte ein üppiger Vorschuss gezahlt wurde, glaubte seine Frau, er habe das dringend benötigte Geld gestohlen.

Doch das sind eben nur Schlaglichter. Dürrenmatt über Dürrenmatt: »Die Wahrheit versagt sich uns im Falle F. D. kategorisch.« Ihn betrachten heißt daher, sein Werk betrachten. Frage: Was von Dürrenmatt lesen? Antwort: So viel nur geht. *Romulus der Große*, *Der Richter und sein Henker*, *Der Verdacht*, *Herkules und der Stall des Augias*, *Grieche sucht Griechin*: Er lieferte immer irrwitzigere Stücke, Erzählungen, Hörspiele für eine immer irrsinniger werdende Welt, gegen deren Wahnsinn wenig unternommen, gegen den aber angeschrieben werden kann. »Ich kann mir keine Gesellschaft denken, in der der Schriftsteller nicht die Position des Rebellen bezieht.« Oder anders gesagt: »Nicht weise werden, zornig bleiben.« Dieser Satz aber stammt von einem weiteren Schweizer: Max Frisch.

DIE WAHRHEIT IST DEM MENSCHEN ZUMUTBAR
Max Frisch, Ingeborg Bachmann

Friedrich Dürrenmatt und Max Frisch: Ihr Verhältnis sei gut, so Dürrenmatt, weil sie sich nichts zu sagen hätten. Anfangs mal freundlich, mal freundschaftlich, dann mit gehörigem, später erheblichem Abstand zueinander, vor allem seit dem Bruch der Liebschaft zwischen Max Frisch und der österreichischen Schriftstellerin Ingeborg Bachmann, die Max Frisch recht unverblümt in *Mein Name sei Gantenbein* geschildert hatte. Max Frisch und Ingeborg Bachmann – später mehr. Den Verfall einer Liebe aber öffentlich auszubreiten verurteilte Dürrenmatt scharf. Er brauche keine Frau, um sie darzustellen und somit auszubeuten. »Private Schwierigkeiten soll man mit sich ausmachen. Der Frisch hatte immer viele Frauengeschichten, und jedes Mal hat er geschworen, das sei seine letzte.« Max Frisch: verheiratet, geschieden, Liebschaften, noch mal verheiratet, noch mal geschieden. »Vier Abtreibungen bei drei Frauen, die ich geliebt habe«, so Max Frisch in *Montauk*. Ganz anders als Friedrich Dürrenmatt. Zu unterschiedlich auch die Schreibauffassungen.

Jeder Mensch hat ein Leben, dessen Ereignisse ihn zu dem machen, was er ist. Die Grundannahme des Max Frisch dagegen lautet: Jeder Mensch erinnert sich der Ereignisse seines Lebens bruchstückhaft. Er färbt sie sich schön oder besonders schrecklich, biegt sie sich zurecht. Und: Der Mensch erfindet sich Geschichten dazu, und eben das, was er nicht erlebt, was er von anderen übernommen, was er sich ausgedacht hat, sagt mehr über ihn aus als das tatsächlich Erlebte. »Man kann alles erzählen, nur nicht sein wirkliches Leben.«

Und so beginnt sein Roman *Stiller* nicht umsonst mit den Worten: »Ich bin nicht Stiller!« Das ist richtig und falsch zugleich, denn der Ich-Erzähler ist der vermisste Anatol Ludwig Stiller, aber er will nicht Stiller sein. Er hat sich ein zweites Leben erfunden, um sowohl sein eigenes zu verbergen als auch seiner Mitwelt zu sagen, wie er gesehen werden möchte. Als James Larkin White ist er in die Schweiz zurückgekehrt, in Übersee will er ein abenteuerliches Leben geführt haben, das in mehrere Morde gemündet sei. Eines der Opfer: seine Ehefrau.

Nun sitzt er im Gefängnis, weil er nicht einsieht, dass er seinem Pass nach nicht White, sondern Stiller ist. Anfangs scheint eine Verwechslung noch möglich, dann nicht mehr. Er wird wiedererkannt, vor allem von seiner verlassenen Ehefrau Julika, das angebliche Mordopfer. Der Erzähler wandelt seinen ersten Satz deshalb ab: »Ich bin nicht ihr Stiller.« Sie und all die anderen haben sich ein Bild von ihm gemacht, das er ganz und gar nicht von sich hat. »Ein einziges Wort, ein sogenanntes Geständnis, und ich bin ›frei‹, das heißt in meinem Fall: dazu verdammt, eine Rolle zu spielen, die nichts mit mir zu tun hat.« White beginnt die Bruchstücke aus Stillers Leben aufzuschreiben, die ihm von Freunden und Bekannten zur Gedächtnisauffrischung berichtet werden. Stiller erzählt damit die Geschichte seines Lebens als die eines Fremden. Für ihn die einzige Möglichkeit, sein eigenes Leben zu schildern. »Weiß ich denn selbst, wer ich bin? Das ist die erschreckende Erfahrung dieser Untersuchungshaft: ich habe keine Sprache für meine Wirklichkeit.« Die anderen haben sich ein Bild von ihm gemacht, und für ihn ist dieses Bild grundfalsch. Wer kennt das nicht. Sie haben sich festgelegt. Sie haben ihre unverrückbaren Meinungen von ihm, ihr Urteil ist gefällt. Doch sie be-urteilen ihn nicht, sie ver-urteilen ihn dazu, der zu sein, den sie in ihm sehen. Und so auch das Gericht, vor das Stiller gestellt wird. Das Urteil lautet: Er ist Stiller und nichts sonst. Stiller muss dem

Bild entsprechen, das sich die Menschen von ihm gemacht haben, und ebenso ergeht es Andri in Max
Frischs Theaterstück *Andorra*.

Nichts hören, nichts sagen, nichts sehen: Der
Tischlerlehrling Andri wird in *Andorra* an den Pfahl
gestellt. Er stirbt, denn der stumme »Judenschauer«
der »Schwarzen«, hat Andri »selektiert«, so wie es die
KZ-Aufseher an der Todesrampe des Lagers Auschwitz getan haben. Die Andorraner haben Andri ausgeliefert, weil sie ihn für einen Juden halten. Bloß: Er
ist keiner. Das hatte sich sein Vater nur ausgedacht.
Andri kam unehelich zur Welt, als der angriffslustige
Nachbarstaat, die »Schwarzen«, die Juden verfolgte,
und seine Mutter war ausgerechnet eine der verhassten
»Schwarzen von drüben«, vor denen die Andorraner
zittern. Die »Rettung« des »Judenkindes« sollte die
Liebschaft mit einer »Schwarzen« und die uneheliche
Geburt zugleich vertuschen, doch die Täuschung
rächt sich. Als auch in Andorra der Judenhass um sich
greift, wird Andri als »Jud« beschimpft, das Tischlern
wird ihm verboten, Geld aus der Hand geschlagen,
denn »so 'n Jud denkt alleweil nur ans Geld«. Der
Irrwitz eines jeden Vorurteils: Es kommt nicht darauf
an, wie einer ist, sondern was die anderen glauben,
das er ist. Jean-Paul Sartre sagte einst: »Die Hölle, das
sind die anderen.« Und schlimmer noch: Je mehr Andri zum Juden gestempelt wird, desto mehr glaubt er,
mit dem »Makel« behaftet zu sein, und desto mehr
denkt, handelt, verhält er sich »jüdisch«. Wie in einem
Sog wird Andri zu Andorras Sündenbock, der sterben

muss, als die »Schwarzen« Andorra tatsächlich besetzen. Kriegsvorwand: Als Andris Mutter aus dem Land der »Schwarzen« kommt und seinen Vater auffordern will, sich zu seinem Sohn zu bekennen, wird sie ermordet. Das dreckige Geschäft der Judenvernichtung wird den bösen Schwarzen überlassen, aber dass der »Jud« Andri endlich verschwindet, ist den judenfeindlichen Andorranern ganz recht. Sie opfern ihn, um nicht am Ende selbst von den »Schwarzen« drangsaliert zu werden. Ein schlechtes Gewissen haben die wenigsten. Der Pfarrer bekennt seine Schuld, Andris Vater begeht Selbstmord. Aber sonst? Die Andorraner waschen ihre Hände in Unschuld. Am bezeichnendsten »der Soldat«, für den nur Befehl und Gehorsam gelten. Er habe seinen Dienst getan, er sei nun einmal Soldat, und er sagt damit genau das, was in den Kriegsverbrecherprozessen der Nachkriegszeit andauernd gesagt wurde.

Der Verstoß gegen das Bibelgebot »Du sollst dir kein Bildnis machen« ist für Max Frisch eine der schlimmsten Sünden des Menschen – auch eine der schlimmsten Sünden sich selbst gegenüber, wie seine Geschichte des *Homo Faber* zeigt, der meint, alles im Griff zu haben. Der Maschinenbauingenieur Walter Faber glaubt an Technik und Zahlen. Sachlich ist er, nüchtern, klar. Er hat den Überblick. »Ich glaube nicht an Fügung und Schicksal, als Techniker bin ich gewohnt, mit Formeln der Wahrscheinlichkeit zu rechnen.« Seine Jugendfreundin Hanna hat ihn deshalb »homo faber« genannt, lateinisch für »schaffender

Mensch«, »Handwerker«. Er und Hanna sind längst auseinander. Hanna war schwanger geworden. Eine lästige Störung, die nicht zum Lebensplan Fabers passte. »Es war ausgemacht, dass unser Kind nicht zur Welt kommt.« Das aber ist viele Jahre her. Sein Arbeitgeber schickt ihn kreuz und quer um die Welt. Faber ist ganz moderner Mensch: fortschrittsgläubig, überall und daher nirgends zu Hause. Faber geht seinen Weg erfolgreich. Seine Rechnung aber geht nicht auf. Der Zufall greift in sein Leben ein. Auf einem Flug stürzt er über der Wüste ab, er überlebt, wird gerettet. Das verleitet ihn, seinen vorgezeichneten Lebensweg zu verlassen. Er besucht einen alten Freund auf dessen Urwaldplantage. Er findet ihn tot. Erhängt. Selbstmord. Das wirft den planvollen Faber noch mal aus der Bahn. Er wird sprunghafter. Anders als sonst handelt er aus einer Laune heraus. Statt eines gebuchten Parisfluges besteigt er ein Schiff. Er trifft eine junge Frau, in die er sich verliebt. Sabeth. Sie beginnen ein Verhältnis. Was er nicht ahnt: Sie ist seine Tochter. Hanna hatte nicht abgetrieben. Mit der Blutschande gerät alles endgültig aus den Fugen. Sein altes Leben ist vorbei. Er kündigt, lässt sich treiben, und er treibt in den Untergang. Sabeth stirbt bei einem Unfall, er hat Magenkrebs. Seine Aufzeichnungen reißen am Tag seiner Operation ab. Dass er nicht überlebt, ist daher anzunehmen.

Faber ist der Einzige, der in den Aufzeichnungen seinen Standpunkt erzählt. Ist ihm zu trauen? Nein. Er rechtfertigt sich, verändert, schönt. Im Roman der

Moderne ist spätestens mit *Homo Faber* ein allwissender, »auktorialer« Erzähler nicht mehr wirklich möglich. Ein außenstehender Erzähler, der erklärt und erläutert, der die Geschichte nur vermittelt, ohne an ihr beteiligt zu sein, der in die Köpfe seiner Figuren sieht, der die Fäden wie ein Marionettenspieler fest in der Hand hält – das ist vorbei. Der Ich-Erzähler hat allenfalls nur noch einen von vielen möglichen Blickwinkeln. Der Leser muss die Geschichte hinter der Geschichte selbst ergründen. Sogar die Zeit, zu der sie spielt, muss erschlossen werden. Max Frisch gibt letztlich nur Hinweise. Einer davon: eine Mondfinsternis. Sie hat am 13. Mai 1957 stattgefunden. Aber selbst das ist mehr als bloß ein Datum. In Mondfinsternisnächten durften die antiken Götter Inzucht treiben.

1957 war zugleich das Erscheinungsjahr des Romans, und sein Titel beschrieb nicht nur die Romanfigur Walter Faber, sondern ebenso den Schriftsteller. Max Frisch war Architekt. Das Züricher Schwimmbad Letzigraben stammt von ihm. Max Frisch, 1911 bis 1991, war wie seine Figuren uneins mit sich. Einerseits der gutbürgerliche Brotberuf mitsamt Frau und Kindern, andererseits die Sehnsucht nach einem Schriftstellerleben. »Mit 25 Jahren war ich fertig mit der Schriftstellerei: Ich wusste, dass es mir im letzten Grund nicht reicht, und verbrannte alles Papier, das beschriebene und das leere dazu, fertig mit falschen Hoffnungen.« Das Schreiben hatte er dennoch nie ganz bleiben lassen. Er hatte an Buchentwürfen gesessen, hatte für die Bühne gearbeitet, Stücke von ihm waren aufgeführt worden, doch erst als 1954 mit *Stiller* sein Aufstieg begann, löste er sein Architekturbüro auf, um sich *Homo Faber* zu widmen, der sein Durchbruch wurde. Max Frisch übrigens starb an Krebs wie Walter Faber, und wie er begegnete auch Max Frisch einer aufreibenden Liebe: Ingeborg Bachmann.

Ihr erstes Treffen in Paris. Ein Theaterabend seines erfolgreichen Bühnenstücks *Biedermann und die Brandstifter*, in dem Gottlieb Biedermann für seinen Vorteil über Leichen geht, sonst aber ein kleinlauter Mitläufer ist, der sein Fähnchen nach dem Wind hängt. Schwächere schubst er herum, vor Stärkeren kuscht er. Er selbst dagegen sieht sich gern als mitfühlend und barmherzig. Auf seinem Dachboden beherbergt er die Obdachlosen Josef Schmitz und den einstigen Kellner Willi Eisenring. Biedermann ahnt, dass sie unter seinem Dach Feuer legen werden, aber er ist zu ängstlich, um sie aufzuhalten. Der dritte der Brandstifter, Dr. phil., hat keinen Spaß am Zündeln, aber für ihn muss die Welt zuerst zerstört werden, um sie verbessert wieder aufzubauen. Biedermann und seine Frau kommen in dem Hausbrand um, das Feuer greift auf die Nachbarhäuser über, die gesamte Stadt brennt ab. Das Gleichnis scheint einfach: Wer sich wie die Deutschen einen Hitler oder wie die Russen einen Stalin ins Haus holt, muss sich nicht wundern, wenn die »Weltverbesserer« das Feuer auch legen, das sie angekündigt haben. Ingeborg Bachmann aber sah die Aufführung an diesem Abend nicht. Max Frisch hatte sie stattdessen zum Essen eingeladen. Die Nacht verbrachten sie gemeinsam bis zur »grauen Morgenstunde«, so Max Frisch in der Erzählung *Montauk*. »Die ersten Küsse auf einer öffentlichen Bank, dann in die Hallen, wo es den ersten Kaffee gibt: am Nebentisch die Metzger mit ihren blutigen Schürzen, diese zu plumpe Warnung.«

Miteinander konnten sie nicht, ohne einander wollten sie nicht. Schon das Schreibmaschinengeklapper des einen störte den anderen. Zwei herausragende Schriftsteller so eng beieinander: Erfolgsdruck, der sie beide lähmte. Stoßmich-Ziehdich, Streit und Versöhnung, Abstand und Nähe im dauernden Wechsel. Ingeborg Bachmanns Sicht in ihren unvollendeten *Todesarten*: »Sie war verliebt, er war es nicht, sie war ihm zu gescheit, er hatte zwar ausgerechnet das gewollt, aber zu Hause strengte es ihn an, sie war zu erfolgreich, das hatte ihn restlos fasziniert und machte ihn krank.« Ihre Unabhängigkeit, ihre Freiheitsliebe trieb ihn in die Eifersucht. »Einmal habe ich getan, was man nicht tun darf: ich habe Briefe gelesen, die nicht an mich gerichtet sind, Briefe von einem Mann.« Sie dagegen fand sein Tagebuch in einer verschlossenen Schublade. »Sie hat es gelesen und verbrannt.« Sie machten sich gegenseitig das Leben schwer, bis Max Frisch die Reißleine zog. Das Ergebnis nach ihren vier Jahren 1958 bis 1962: Er reiste mit einer neuen Lebensgefährtin ab, sie erlitt einen Nervenzusammenbruch. »Das Ende haben wir nicht gut bestanden, beide nicht.« Für Ingeborg Bachmann ein schmerzhafter und folgenreicher Einschnitt in ihrem Leben: Kranken-

hausaufenthalte, Entziehungskuren, Alkoholabhän-
gigkeit, Tablettensucht. Über die Jahre mit Max Frisch
aber schwieg sie sich aus. Auch nur seinen Namen zu
nennen hatte sie sich verbeten.

Ganz anders dagegen Max Frisch. Zwei Jahre nach
der Trennung erschien *Mein Name sei Gantenbein*.
Gantenbein stellt sich blind, um seine Freundin, die
Schauspielerin Lila, ungestört zu beobachten, bis er
ihr Gezicke, ihre Überspanntheit, ihre Seitensprünge
entlarvt hat. Lila ist gekünstelt, gestört, krank, ver-
logen – und Lila ist Ingeborg Bachmann, für die das
Buch ein Verrat war. Sie fühlte sich vernichtet, missbraucht, ausgebeutet, bloßgestellt. Ingeborg Bachmann
in *Requiem für Fanny Goldmann*, eine Schauspielerin,
die ihrer Wut über ihren ehemaligen Geliebten freien
Lauf lässt: »Er hatte sie ausgeweidet, hatte aus ihr
Blutwurst und Braten und alles gemacht, er hatte sie
geschlachtet, sie war geschlachtet auf 386 Seiten in
einem Buch.« Nach der Trennung von Max Frisch
schrieb Ingeborg Bachmann über Jahre fast nichts.
»Es gibt kein Gedicht, kein Krümel Prosa, einfach
nichts.« Dann aber raffte sie sich auf. Sie ließ Schmerz
und Hass freien Lauf. »Die Wahrheit ist dem Menschen zumutbar«, hatte sie gesagt, und so entstanden
verstörende Gedichte über Rauschgift, Schwanger-
schaftsabbruch, Selbstmordversuch, die erst nach ihrem
Tod veröffentlicht wurden. Bilder aus der Schreib-
hölle. Besonders in ihren Gedichten umschrieb sie das
Schreiben selbst und die Unfähigkeit und Sinnlosigkeit zu schreiben. »Poetologische Lyrik«, Gedichte

also, die das Dichten selbst zum Inhalt haben, wurden ebenso von Karl Krolow, Günter Kunert oder Rose Ausländer geschrieben, bei Ingeborg Bachmann aber waren sie immer auch Bilder des eigenen Verfalls. Doch sie war zäh. »Aus jeder Enttäuschung rappelte sie sich wieder heraus, um einer neuen entgegenzuleben.« Und sie war keine bloß Leidende. Lebenslust besaß sie trotz allem, damenhaft war sie und schick und lebensgierig. Anders im Schreiben: Vieles kam über Entwürfe nicht hinaus, und was sie fertigbrachte, drehte sich oft und oft um Liebe, Liebesverlust, Liebesentzug. In *Undine geht* griff sie das Märchen von der Wassernixe Undine auf, die erst durch die Vermählung mit einem Menschen eine Seele erhält. Ihr Geliebter aber verrät sie, und so muss sie ins Wasser zurück. Auch der Roman *Malina* handelt von selbstzerstörerischer Liebe, Unterdrückung, Missbrauch der Frau durch den Mann. Eine Kampfansage an die Männer.

Zwar war Ingeborg Bachmann bei Weitem nicht die Einzige, die über Gewalt gegen Frauen schrieb, und doch wurde sie eine der wichtigsten, wenn nicht die wichtigste Schriftstellerin der Frauenbewegung. Schlagwort: Emanzipation, vom lateinischen »emancipare«, einem Sklaven die Freiheit geben. Die Aufnahme der Gleichberechtigung der Frau in das bundesdeutsche Grundgesetz war nach dem Zweiten Weltkrieg nur gegen den erbitterten Widerstand der Männer durchgesetzt worden, und erst 1958, dem Jahr, in dem sich Ingeborg Bachmann und Max Frisch kennenlernten, durften Ehefrauen eigene Bankkonten eröffnen und ohne ausdrückliche Genehmigung ihres Mannes einem Beruf nachgehen. Männer, die ihre Frauen verprügelten, hatten nichts zu befürchten, Vergewaltigung in der Ehe war nicht strafbar. Die Männer hatten das Sagen. Die Studentinnen der Achtundsechziger-Bewegung aber begannen, dem ein Ende zu setzen. Bei ihnen war »Frauenliteratur« gefragt, in der Frauen für Frauen über Frauen schrieben.

Ein Weg dahin: Gedichte auf allen Gebieten. Hilde Domin und Rose Ausländer schrieben über ihre Kriegserfahrungen von Flucht und Überleben. Beide Jüdinnen. Die eine, Rose Ausländer, hatte in Amerika gelebt. 1931 war sie nach Deutschland zurückgekommen, um ihre kranke Mutter zu pflegen, und saß zwei Jahre später in der Falle. Während des Krieges wurde sie ins Ghetto gebracht und überlebte. In ihren Gedichten, *Mutterland*, *Daheim* oder *Heimatlos*, schrieb sie sich das Gefühl vom Leib, nirgendwo zu Hause zu sein. Ein Gleiches bei Hilde Domin, die aus Deutschland geflohen war und wie Rose Ausländer ihre Gedichte von den Schrecknissen des Dritten Reichs immer auch als politische Lyrik verstand. Ende der sechziger Jahre drängten die Frauen nach vorne, denn sie hatten ihre ganz eigene, ungewohnte Sicht, auch auf die Liebe. Jahrhundertelang war in Liebesgedichten ein Loblied auf sie gesungen worden. In der Frauenbewegung war damit Schluss. Die Verklärung wich der Nüchternheit. Nicht mehr verschwärmter Liebestaumel wurde beschrieben, sondern Liebesschwierigkeiten. Siehe Ulla Hahns *Herz über Kopf*. Und wie in den Gedichten so auch in den Romanen und Erzählungen: *Häutungen* von Verena Stefan, *Klassenliebe* von Karin Struck, *Entmannung* von Christa Reinig, *Die Klavierspielerin* von Elfriede Jelinek oder eben *Malina* von Ingeborg Bachmann – die erste wirkliche Befreiung von der Männerherrschaft fand auf dem Buchmarkt statt.

Zwischen *Undine* und *Malina* lagen zehn Jahre. 1961 bis 1971, die »Schweigejahre« der Ingeborg Bachmann, in denen sie nur wenig veröffentlichte. Ihre Rauschgiftabhängigkeit dagegen nahm erschreckend zu, und sie schlitterte immer wieder an den Rand des Zusammenbruchs. Max Frisch hatte sie hinter sich gelassen, die Sucht nicht. Mal putschte sie sich auf, mal schluckte sie Beruhigungspillen. »Es müssen an die 100 Stück pro Tag gewesen sein, der Mülleimer ging über von leeren Schachteln. Sie hat schlecht ausgesehen, war wachsbleich. Und am ganzen Körper voller Flecken. Ich rätselte, was es sein konnte. Dann, als ich sah, wie ihr die Gauloise, die sie rauchte, aus der Hand glitt und auf dem Arm ausbrannte, wusste ich's: Brandwunden, verursacht von herabfallenden Zigaretten.« Keiner vermochte ihr zu helfen. Thomas Bernhard nicht, mit dem sie befreundet war, Uwe Johnson nicht, mit dem sie ausgiebige Fahrradtouren unternommen hatte und dessen Erinnerungsbuch *Reise nach Klagenfurt* ihr galt. Klagenfurt war ihre Geburtsstadt, in Klagenfurt ist sie begraben.

Ingeborg Bachmanns Tod mit siebenundvierzig

Jahren: Eine brennende Zigarette entzündete das Nachthemd der Bewusstlosen. Als sie erwachte, kühlte sie die Wunden in der Badewanne. Ein Rettungswagen schaffte sie ins Krankenhaus. Verbrennungen dritten Grades, über ein Drittel der Haut war betroffen. Ihr wurde geholfen, aber sie fiel ins Koma. Ein Rätsel zunächst, bis sämtliche Pillen und Tablettenverpackungen aus ihrer Wohnung geholt wurden. Die Verbrennungen und die Sucht wirkten zusammen. Ingeborg Bachmann starb am 17. Oktober 1973.

Der schönste Nachrufsatz auf Ingeborg Bachmann stammt von ihr selbst. Er zeigt die verschmitzte Bachmann, ihren Witz, ihr Schmunzeln. Uwe Johnson hat ihn aufgenommen in sein Buch *Reise nach Klagenfurt*: »Ich werde fleißig sein, gewissenhaft und sparsam sein. Nur grade heute nicht.« Und damit zurück nach Deutschland, genauer, nach Ostdeutschland in die DDR, zu ebenjenem Uwe Johnson.

DEN SOZIALISMUS IN SEINEM LAUF HÄLT
WEDER OCHS NOCH ESEL AUF
Uwe Johnson, Stefan Heym, Jurek Becker

»Aber Jakob ist immer quer über die Gleise gegangen.« – »Nun sieh dir mal das Wetter an, so ein November, kannst keine zehn Schritt weit sehen vor Nebel.« – »Da kann einer leicht ausrutschen.« – »Jakob war sieben Jahre bei der Eisenbahn will ich dir sagen, und wenn irgend wo sich was gerührt hat was auf Schienen fahren konnte, dann hat er das wohl genau gehört.« Ein Unfall? Selbstmord? Oder gar Mord? Alles möglich. Jedenfalls: Jakob ist tot. Eine Lok hat ihn zerquetscht. Warum er starb, darüber ist nur zu mutmaßen. Klar ist: Jakob Abs, geboren in Pommern, war am Ende des Zweiten Weltkriegs mit seiner Mutter auf der Flucht vor der Roten Armee in Mecklenburg, als er Gesine Cresphal kennenlernte. Er verliebte sich in sie. Jahre sind seitdem vergangen. Er ist Bahnbeamter geworden, lebt im Osten, in der DDR, Gesine dagegen ist wie seine Mutter in den Westen des geteilten Deutschland gegangen. Sie arbeitet bei der NATO. Als Gesine Jakob in Dresden besucht, versucht Rohlfs, Hauptmann der DDR-Spionageabwehr, vergeblich, Gesine anzuwerben und ihr Westgeheimnisse zu entlocken. Die Mauer ist noch nicht gebaut, die Grenze noch durchlässig. Rohlfs, der Jakob beschattet hat, ist von dem Bahnbeamten beeindruckt. Jakobs Gradlinigkeit, seine Anständigkeit, seine Pflichterfüllung gegenüber dem »Arbeiter- und Bauernstaat«. Er versperrt ihm daher nicht den Weg, Gesine in den Westen zu folgen. Rohlfs ist kein gemeiner »Hundefänger«. Er will, dass sich Jakob frei für die Ziele und Vorstellungen des Sozialismus entscheidet.

Doch die Zeit der freien Entscheidungen geht zu Ende. In Ungarn tobt ein Volksaufstand, der Abkehr vom russischen Kommunismus und einen »Sozialismus mit menschlichem Antlitz« verlangt, aber von russischen Panzern niedergewalzt wird. Zuvor bereits, am 17. Juni 1953, ist der DDR-Arbeiteraufstand für bessere Lebens- und Arbeitsbedingungen durch russische Panzer in Ostberlin niedergeschlagen worden. Damals haben die DDR-Machthaber noch Fehler eingeräumt und Besserung gelobt, mit dem Ungarnaufstand indes wird die Gangart gegenüber missliebigen Kritikern härter. Jakob darf noch ausreisen, kehrt dann aber, enttäuscht von den Zuständen in der Bundesrepublik, zurück. Am Tag seiner Rückkehr stirbt er, die Todesumstände bleiben den *Mutmassungen über Jakob* überlassen. Außerdem wird kurz darauf Jonas Blach, der ebenfalls in Gesine verliebt ist, von Rohlfs wegen »staatsfeindlicher Umtriebe« verhaftet, weil er wie die Ungarn zu lautstark für überfällige Veränderungen eingetreten ist. Die Staatsführung duldet fortan nicht mehr, gerüffelt zu werden.

Mit der Verhaftung Blachs enden die *Mutmassungen über Jakob*, die einer angestellt hatte, der wusste, wovon er sprach: Uwe Johnson. Geboren in Pommern, befand er sich am Ende des Zweiten Weltkriegs mit seiner Mutter, der Schwester und dem Vater auf der Flucht vor der Roten Armee in Mecklenburg, als sein Vater verhaftet und in ein russisches Arbeitslager verschleppt wurde, wo er umkam. Zehn Jahre war Johnson bei Kriegsende alt. Ein stilles Kind, das von seinen Mitschülern »Pflaume« genannt wurde, weil er lieber für sich blieb, ein kluges Kind, das in der »Deutschen Heimschule« gewesen war, einem Internat, das die Vorstufe zur »Napola« bildete, der Nationalpolitischen Lehranstalt. Sein Augenfehler jedoch vereitelte die Aufnahme in die Eliteschule der Nazis, die sie eingerichtet hatten, um die künftige Führungsschicht des Dritten Reichs zu drillen. »Erziehung zu Nationalsozialisten, tüchtig an Leib und Seele für den Dienst an Volk und Staat« war die Parole. Aber schon die

»Heimschule« reichte: Schlafstuben, die Beaufsichtigung der Schüler durch Schüler, nächtliches Schurigeln bei Fehlverhalten. Eine Abreibung erhielt Johnson, weil befunden wurde, er habe die Ehre seiner Stube durch schlechten Bettenbau geschändet. Er bekam diese Schülergrausamkeit an seinem Geburtstag zu spüren, am 20. Juli 1944, dem Tag des gescheiterten Attentats des Claus Schenk Graf von Stauffenberg auf Hitler.

Ein Streiflicht auf Johnson auch: die nach dem Krieg bestandene Schule und die Zulassung zur Hochschule in Rostock. Germanistik. Eine getrübte Freude freilich. Früher lebten Alleinstehende mit ausreichend Zimmern von studentischen Untermietern. Weil aber durch Zwangseinweisungen von Flüchtlingen, Ausgebombten, Obdachlosen und die Beschlagnahme von Häusern durch die russischen Besatzer keine Unterkunft mehr aufzutreiben war, wurde Johnson in ein Massenquartier eingewiesen, das »Fährhaus«, eine Ausflugsgaststätte, in der jeder nicht mehr als ein Bett bekam. Schlafsaalstimmung. Bücher, Hefte und Schreibzeug mussten vor jedem Essen vom Tisch geräumt werden. »Typische Internatsluft, die herrührt von lange ungewaschenen Decken und ungenügender Lüftung. Penetrant säuerlich ist das.« Und ein letztes Schlaglicht auf ihn: Als die sozialistische FDJ, die Freie Deutsche Jugend, ihn aufforderte, ihren Feind, die kirchliche »junge Gemeinde«, mit falschen Anschuldigungen anzuschwärzen, weigerte sich Johnson. Er wurde vorübergehend von der Hochschule ausgeschlossen. Aber das sind nur Streiflichter, die hier genügen müssen.

Zurück zu den *Mutmassungen über Jakob*. Das Buch kam 1959 heraus. Wie Jakobs Mutter war auch Uwe Johnsons Mutter in den Westen geflohen. Er war vorerst in der DDR geblieben, denn noch waren die Lebensbedingungen halbwegs erträglich. Der Traum, einen »antifaschistischen«, »antikapitalistischen« deutschen Staat aufzubauen, war noch nicht gänzlich ausgeträumt. Der Wohlstand für alle aber kam nicht. Dafür aber bald schon Mauerbau und Schießbefehl, um den wachsenden Flüchtlingsstrom aus dem Land abzuschneiden, politische Gefangene, Schlangestehen in der Mangelwirtschaft. Die »Diktatur des Proletariats« entwickelte sich zur Diktatur der SED, der Sozialistischen Einheitspartei Deutschlands, aufrechterhalten durch die Krake des Geheimdienstes der DDR, der »Staatssicherheit«. Die »Stasi« spähte alle Lebensbereiche aus, führte über alles und jeden Akten und warb Abertausende als »inoffizielle Mitarbeiter«, IM, an, um deren Freunde, Bekannte, Familien, Kollegen zu bespitzeln. Uwe Johnson aber sprang rechtzeitig ab. Im Erscheinungsjahr des Buches wechselte er nach Westberlin. Keine einzige Zeile hatte er bis dahin veröffentlicht. Was er geschrieben hatte, war von den Verlagen abgelehnt worden. »Pubertär-Schülerhaft.« – »Die Geschichte läppert so dahin.« – »Verkrampft.« – »Wichtigtuerisch ohne nennenswerte Begabung.« – »Talentlos.« Doch Uwe Johnson hatte nicht hingeworfen. *Mutmassungen über Jakob* war entstanden, und das Buch wird seitdem in einem Atemzug mit Heinrich Bölls *Billard um halbzehn* und *Die Blech-trommel* von Günter Grass als Höhepunkt der Nach-kriegsliteratur gefeiert. So kann's gehen.

Nach den *Mutmassungen über Jakob* hatte Uwe Johnson keine Schwierigkeiten mehr, seine Bücher zu veröffentlichen, und er blieb seinen Figuren treu: Jakob Abs war zwar tot, Gesine Cresphal aber ließ er weiterleben, in New York mit Marie, Jakobs Tochter, der sie mit Tonbändern, Aufzeichnungen, Erzählun-gen ihre Familie schildert, die in den Sog der Zeit-geschichte gezogen worden war. Der Blick der kleinen Leute, die sich durchschlagen, die »Geschichte von unten«, reicht von der Machtergreifung Hitlers bis weit in die DDR hinein. Titel: *Jahrestage*. Die ersten drei Bände des Lebensbilderbogens der Gesine Cress-phal, die von der Teilung Deutschlands in BRD und DDR tief geprägt ist, erschienen zwischen 1970 und 1973. Danach aber folgte wie bei Ingeborg Bachmann eine fast zehnjährige Schreibblockade. Der vierte und letzte Band der *Jahrestage* wurde erst 1983 ausgeliefert, ein Jahr vor seinem frühen Tod mit neunundvierzig Jahren. Wann genau Uwe Johnson starb, ist nicht be-kannt. Vermutet wird ein Herzversagen in der Nacht vom 23. auf den 24. Februar 1984. Seine Leiche wurde erst Wochen später gefunden. Für die deutsch-deut-sche Geschichte *Jahrestage* bekam Johnson zu Leb-zeiten den Stempel »Dichter der beiden Deutschland« aufgedrückt, wohl auch, weil er selbst in beiden Deutschland gelebt hatte.

Wie Uwe Johnson in den Westen »rüberzumachen«, war keine Selbstverständlichkeit, denn ehe sich die DDR einigelte und der Kalte Krieg die Fronten verschärfte, war die »Ostzone« für so manchen Schriftsteller, der Hitler Widerstand geleistet hatte oder aus Hitlerdeutschland geflohen war, durchaus reizvoll. Thomas Mann und Erich Maria Remarque gingen in die Schweiz, Lion Feuchtwanger und Hermann Kesten blieben in Amerika, Bertolt Brecht dagegen entschied sich für die Ostzone, genauer, für die »SBZ«, die Sowjetische Besatzungszone, und er wurde damit für den Westen zur »unerwünschten Person«. Die meisten, die sich für den Osten entschieden, waren dem Westen in Zeiten des Kalten Krieges verdächtig. Wer wählt schon freiwillig einen Zwangsstaat anstelle des doch so freien Lebens im Westen? Der Weg von Ostdeutschland nach Westdeutschland war somit keine Einbahnstraße. Beispiel: Stefan Heym.

Geflohen aus Hitlerdeutschland, bekämpfte Stefan Heym das Dritte Reich. Als Soldat der United States Army nahm er an der kriegswendenden Landung in der Normandie teil. Die ersten Nachkriegsjahre verbrachte er in München, ehe er wegen »prokommunistischer Haltung« nach Amerika zurückversetzt und aus der Armee entlassen wurde. Aus Protest gab er sein Offizierspatent, die Kriegsauszeichnungen und seine amerikanische Staatsbürgerschaft zurück und übersiedelte nach Ostberlin. Keine glückliche Entscheidung, wie sich herausstellte: Sein Buch *5 Tage im Juni*, das sich um den DDR-Volksaufstand von 1953 dreht, durfte nicht veröffentlicht werden, und über die Jahre nahmen die Angriffe auf ihn zu. Für eine Buchveröffentlichung im Westen wurde er zu einer Geldstrafe verurteilt, ein Publikationsverbot wurde verhängt. Das wurde zwar zunächst wieder gelockert, dann aber bis zum Mauerfall in voller Schärfe abermals durchgesetzt, nachdem *Der König David Bericht* erschienen war, mit dem Stefan Heym Machtmissbrauch, Verletzung der Menschenrechte, Aufhebung der Meinungsfreiheit, Totschweigen von Büchern in die biblische Vergangenheit legte, aber die Gegenwart meinte. Die Überzeugung, dass dem Sozialismus die Zukunft gehöre und der »real existierende Sozialismus« der DDR nur ein Übergang auf dem Weg dorthin sei, gab er dennoch nicht auf, auch nicht, als er aus dem Schriftstellerverband der DDR ausgeschlossen wurde. Obschon ihm Westreisen gestattet waren, blieb er.

Nach dem Grauen des Zweiten Weltkriegs eine bessere Gesellschaft aufzubauen und an einem neuen Deutschland mitzuarbeiten hatte nicht nur Stefan Heym gelockt. Die DDR schrieb sich »Antifaschismus« auf die Fahne, und die BRD galt als die Fortsetzung Hitlerdeutschlands mit anderen Mitteln. Das sahen viele Schriftsteller anfangs ähnlich. Nach den ersten Jahren der »antifaschistischen Sammlung«, dem Werben um heimkehrende Künstler und der »Aneignung des literarischen Erbes« Deutschlands, schwand die Hoffnung auf einen Neuanfang aber rasch unter der russischen Knute, der die Führungsriege der DDR willfährig gehorchte. Die Verbrechen Russlands wurden verschwiegen, sein Sozialismus dagegen als Vorstufe zum Heil bringenden Kommunismus hingestellt. Wer als Schriftsteller dienlich schrieb, war angesehen, wer nicht, verschwand allzu schnell in den Gefängnissen. Die Schriftsteller wurden angewiesen, ihren Beitrag zum Aufbau des Sozialismus zu leisten, am besten »Helden der Arbeit« zu beschreiben, um das Gute, Schönere, Bessere des neuen Arbeiter- und Bauernparadieses DDR darzustellen. Die erste Phase der ostdeutschen Literatur mit seinem »sozialistischen Realismus« aber erwies sich als Irrweg, weil er sich in Eigenlob erschöpfte. Um 1959 wurde er aufgegeben.

Kaum besser der zweite Anlauf, der »Bitterfelder Weg«, benannt nach dem Chemiewerk Bitterfeld, in dem er ausgerufen wurde. Gegangen wurde er bis etwa 1964. Die »Arbeiterklasse« sollte schreiben, im Gegenzug sollten die Schriftsteller in die Betriebe gehen, um ihre Stoffe zu finden. »Greif zur Feder, Kumpel, die sozialistische Nationalkultur braucht dich!« Aus der »Verzahnung von Kunst und Arbeitswelt« sollte echte »Dokumentarliteratur« entstehen. Doch weil abermals nur gestattet war, was den Parteibonzen gefiel, breitete sich bald das große Gähnen aus. Stramme Soldaten, genügsame Bauern, fleißige Arbeiter, die sich parteigläubig fröhlich für den Staat aufopferten, waren zu weit weg von der Wirklichkeit. Die stand ganz anders vor aller Augen, denn wer Verwandte im Westen hatte, ließ sich Lebensmittelpakete schicken, wer ein Auto fahren wollte, musste sich gedulden. Lieferzeit des »Trabant«: bis zu fünfzehn Jahre. Das befohlene Bejubeln der Parteiführung bei den Aufmärschen mit Fahnen, Pauken und Trompeten, das Abküssen der Machthaber der »sozialistischen Bruderstaaten«, die immerwährende Zurschaustellung der eigenen Werteüberlegenheit gegenüber dem Westen, das beständige Sichbrüsten als einzig wahrer Hort des Friedens streute keinem Sand in die Augen.

Das schaffte nur das Sandmännchen, denn außer im »Tal der Ahnungslosen«, dem Elbtal bei Dresden, in dem beides nicht zu empfangen war, verbreiteten »Westfernsehen« und »Westradio«, was den gleichgeschalteten Sendungen im Osten verboten war. Sie zeigten den westlichen Lebensstil, der besonders für Jugendliche so anziehend wie unerreichbar war. Statt »Beatclub« gab es »Sozialistische Wehrerziehung«, in der schon Kinder an Waffen den Kampf gegen den »Klassenfeind« lernten. Trampen, Jeanstragen, »Negermusik«, »Gammeln« rief in der DDR Argwohn hervor. Ob in Lehre oder Schule, die jungen Leute wurden beaufsichtigt. Lehrer, Hausmeister, Trainer, Nachbarn – kein Staat kann sein Volk unterdrücken ohne die selbsternannten Ordnungshüter, und Reiner Kunzes *Die wunderbaren Jahre* gibt Einblicke in den Alltag der DDR-Jugendlichen zwischen Plattenbau und Jugendheim, von dessen Öde in der DDR nicht zu laut gesprochen werden durfte. Das geschmuggelte Buch erschien im Westen. Die Folgen für Kunze: Selbst ein Kinderbuch, das er geschrieben hatte, wurde kassiert, die bereits gedruckten Bücher eingestampft.

Der Ausreiseantrag, den er danach stellte, wurde binnen drei Tagen genehmigt. Ein verkappter Rauswurf. Unerwünschte wurden gerne abgeschoben. Errungenschaften der DDR wie die Gleichbehandlung von Frauen, denen bei gleichem Lohn für gleiche Arbeit jeder »Männerberuf« offenstand, die umfassende Betreuung ihrer Kinder, um berufstätig sein zu können, oder die gut gemachten Buchausgaben ungefährlicher Klassiker sowie der Erhalt von Goethes oder Schillers Wohnhaus in Weimar verblassen gegenüber dieser Kehrseite des Unrechtsstaats.

Die Grenzen des Schreibens waren auch nach dem »Bitterfelder Weg« eng gesteckt. Abhängig von der Großwetterlage im Kalten Krieg, wechselten kurze Tauwetter mit Eiszeiten ab, und in den vier Jahrzehnten der DDR von der Gründung 1949 bis zum Mauerfall 1989 wurde Schriftstellern mal erlaubt, freizügiger zu schreiben, mal wurde erheblich Druck auf sie ausgeübt. Vier Jahrzehnte zwischen Ent- und Anspannung. Zu allen Zeiten aber galt: Die staatlichen Vorgaben zu überschreiten hieß, Gefahr laufen, bespitzelt, verhört, weggeschlossen zu werden. Gänzlich unliebsame Bücher wurden nicht gedruckt. Um wenigstens den Anschein von Schreibfreiheit zu wahren, wurde allenfalls erlaubt, einzelne, nicht allzu schlimme Missstände aufzuzeigen, sofern das gesellschaftliche Ganze nicht in Frage gestellt wurde.

Die dritte Phase der DDR-Literatur nach »Antifaschistischer Sammlung« und »Bitterfelder Weg«: die sogenannte »Ankunftsliteratur«, nach Brigitte Reimanns Roman *Ankunft im Alltag*. Erwin Strittmatters *Katzgraben* oder Günter de Bruyns *Buridans Esel* und vor allem Christa Wolfs *Der geteilte Himmel* stehen dafür: Die schwärmerische Rita Seidel kommt vom Land, der vernunftliebende Manfred Herrfurth aus der Stadt. Grundverschieden sind sie, werden aber ein Paar. Sie ziehen zusammen. Nachdem einer seiner fortschrittlichen Entwicklungsvorschläge von den alt-väterlichen Wirtschaftsfunktionären der DDR abge-lehnt wird, geht er enttäuscht über Ostberlin in den Westen. Sie folgt ihm und versucht vergebens, ihn zur Rückkehr zu überreden. Er bleibt, sie reist zurück. Der Mauerbau trennt sie endgültig. Christa Wolf schilderte ostdeutsche Mängel, Willkür, Unfähigkeit, die schlechte Versorgung des Volks, doch zugleich zeigte sie eine Rita Seidel, die Republikflucht ver-urteilt, die Einbußen in Kauf nimmt, um ihren Teil zur Vervollkommnung des ostdeutschen Weges bei-zutragen. Druckerlaubnis erteilt.

Versuche dagegen, den Lebensalltag der Arbeitswelt schonungsloser zu beschreiben, endeten in Schwierig-keiten, wie der Fall Wolfgang Hilbig zeigt. Lehre als Dreher, Wehrdienst in der Nationalen Volksarmee, NVA, danach Arbeit als Werkzeugmacher, Erdbau-arbeiter, Außenmonteur, Hilfsschlosser, als Heizer, nebenbei Schriftsteller – wer, wenn nicht Wolfgang Hilbig, war für die »Arbeiterliteratur« geeignet. Doch Hilbig sah mit seinen Gedichten zu genau hin. Nur einige wurden im Osten abgedruckt und seine Samm-lung *Stimme Stimme* erst wenige Jahre vor dem Mauerfall in Leipzig aufgelegt. Alles sonst erschien im Westen. Schreibarbeiten in den Westen zu schmuggeln war häufig der einzige Weg zur Veröffentlichung. Und er bot halbwegs Schutz. Schriftstellern, die im Westen bekannt waren, ließ sich nicht mehr so einfach ein Maulkorb umhängen. Andere, die gerade erst anfingen, Westbeziehungen zu knüpfen, wanderten dagegen ohne großes Federlesen in den Knast. Nebenbei: Als Hilbigs erster Gedichtband *Abwesenheit* im Westen in den Verkauf ging, wurde er für sein D-Mark-Honorar wegen »Devisenvergehens« belangt. Nach einigen Wochen im Knast ließ man ihn wieder frei. Und gleichfalls nebenbei: Wer im Westen die wirkliche Arbeitswelt beschrieb, hatte auch nicht eben einen leichten Stand.

Um Leib und Leben indes musste ein Max von der Grün nicht zittern. Max von der Grün: Handelsschule, Kaufmannslehre, im Krieg Fallschirmjäger, Kriegsgefangenschaft, danach Arbeit beim Bau. Einer wie Hilbig. Im Bergbau Schlepper, dann Hauer, nach einem schweren Unfall umgeschult zum Grubenlokführer, schilderte in seinem Grubenroman *Irrlicht und Feuer* die schlechten Arbeitsbedingungen der Kumpel im Ruhrgebiet, ihre Angst vor der Arbeitslosigkeit, ihren Aufstiegswillen, um statt Kohlestaub im Gesicht eines Tages einen weißen Kittel zu tragen oder als Angestellter mit Schlips und Jackett an einem Schreibtisch zu sitzen, ihr Eingezwängtsein zwischen den Arbeitsanforderungen unter Tage und den Ratenzahlungen über Tage. Max von der Grüns *Männer in zweifacher Nacht*, Günter Wallraffs *Industriereporta-gen. Als Arbeiter in deutschen Großbetrieben* oder *Von einem der auszog und das Fürchten lernte*, dazu Erika Runges *Bottroper Protokolle* – die westdeut-schen »Arbeiterliteraten« fanden sich im 1961 gegrün-deten »Arbeitskreis für künstlerische Auseinanderset-zung mit der industriellen Arbeitswelt« zusammen, der sich bald »Gruppe 61« nannte. Ihre »Arbeiterlite-ratur« verstanden sie weniger als hochtrabende Dich-tung, sondern vielmehr als schonungslose Abbildung der Arbeitswelt und ihrer Missstände in einer unter-schlagenen Wirklichkeit. Betroffene westdeutsche Unternehmer bellten. Arbeiterelend? »Drüben«, im Osten, ganz bestimmt, aber doch nicht bei ihnen.

»Drüben«, das wurde gleichgesetzt mit Ausreise-verbot, Menschenrechtsverletzungen, politischer Ver-folgung, Stasispitzeleien. Doch trotz allem entstanden jenseits der Mauer herausragende Bücher, die »hüben« und »drüben« starken Widerhall fanden. Ulrich Plenz-dorfs *Die neuen Leiden des jungen W.* gehört dazu, Peter Hacks *Ein Gespräch im Hause Stein über den abwesenden Herrn von Goethe*, Christoph Heins *Drachenblut*, Hermann Kants *Die Aula*, Monika Ma-rons *Flugasche*, das in der DDR nicht erscheinen durfte, weil die Autorin »B.« Ostberlin als die »schmutzigste Stadt Europas« beschreibt und die Umweltzerstörung durch die Industrie anprangert.

Eines der bekanntesten Bücher aber ist Jurek Beckers *Jakob der Lügner*, die irrwitzige Geschichte des Juden Jakob Heym. Jurek Becker nähert sich dem

Irrsinn der Judenvernichtung verschmitzt, heiter, leise. Wie Uwe Johnson wusste auch er, wovon er schrieb: Jude wie der Jakob seines Romans, wusste Jurek Becker nicht so recht, wann er Geburtstag hatte. Um ihn vor der Verschleppung durch die Deutschen zu bewahren, hatte man ihn älter gemacht, als er war. Mit wenig Erfolg. Zu Kriegsbeginn wurde er zusammen mit seinen Eltern in ein Ghetto im polnischen Lodz eingewiesen, ein nur für Juden vorgesehenes, abgeschlossenes Stadtviertel, in dem sie zusammengepfercht leben mussten, danach kam er erst ins Konzentrationslager Ravensbrück, dann ins KZ Sachsenhausen. Sein Vater, der Auschwitz überlebt hatte, fand ihn nach dem Krieg wieder. Eine rechtzeitig aus Deutschland geflohene Tante war die einzige weitere Überlebende der Familie. Alle anderen waren umgebracht worden. Der »Holocaust«, altgriechisch für »vollständig verbrannt«, »Brandopfer« – ein Schicksal, das auch dem Juden Jakob droht, der dem kommenden Grauen der Vernichtung die Hoffnung entgegensetzt.

Jakob der Lügner gaukelt den Juden seines Ghettos vor, er habe ein Radio, mit dem er die verbotenen Sender der Hitlergegner empfange. Eine gefährliche Lüge, denn ein Radio zu besitzen bedeutet Todesstrafe. Die Todgeweihten aber klammern sich an Jakobs erfundene Nachrichten: Nicht mehr lange, und sie würden von den heranrückenden Armeen rechtzeitig vor ihrer Verfrachtung in die Gaskammern befreit. Eine Lüge, die noch eine, noch eine und noch eine nach sich zieht und doch den Hilflosen Überlebenswillen gibt. »Die Selbstmordziffern sinken auf Null«, selbst echter Widerstand beginnt sich zu regen, um nicht wie die Lämmer zur Schlachtbank geführt zu werden. Sie wehren sich, und Jakobs Lügen scheinen sich am Ende sogar zu bewahrheiten. Die russische Armee rückt auf das Ghetto vor, die Befreier sind nah. Doch eben nur nah, denn die deutschen Besatzer setzen die »Endlösung der Judenfrage« gnadenlos fort. Die Eingeschlossenen werden zu den Güterwagen geschafft, die sie in die Todeslager bringen, das Ghetto wird dem Erdboden gleichgemacht, und die Juden, die in ihm festsitzen, werden umgebracht.

Für *Jakob der Lügner* wurde Jurek Becker gefeiert, im Westen und im Osten. Er stieg auf. Vorstand des Schriftstellerverbandes, Nationalpreis der DDR – das aber änderte sich schlagartig, als der Liedermacher Wolf Biermann ausgebürgert wurde. Die Lieder Biermanns, der 1953 freiwillig in den Osten gegangen war, nahmen die Zustände in der DDR so gekonnt aufs Korn, dass deren Führung mit Auftrittsverbot antwortete. Nach einem Konzert im Westen dann wurde ihm 1976 die Rückreise in die DDR verboten und die Staatsbürgerschaft entzogen. Gegen die »Ausbürgerung« Wolf Biermanns unterschrieben elf ostdeutsche Schriftsteller einen Protestbrief, darunter Stefan Heym, der das Schreiben mit entworfen hatte, Stephan Hermlin, Günter Kunert, Heiner Müller, Christa Wolf, Sarah Kirsch und eben Jurek Becker. Binnen weniger Tage schlossen sich Dutzende Künstler aus Ost und West dem Protest an. Beckers Strafe folgte auf dem

Fuß: Ausschluss aus der SED, Ausschluss aus dem Vorstand des staatsgelenkten Schriftstellerverbandes, aus dem er ein Jahr später endgültig austrat. Danach zog Jurek Becker mit Genehmigung der Behörden in den Westen. Sie waren froh, ihn los zu sein. Und nicht nur ihn. Eine wahre Flut von Schriftstellern, Schauspielern, Künstlern ergoss sich von Ost nach West. Unbotmäßige Schriftsteller durften auffällig mühelos übersiedeln. Der große Rest hingegen musste hinter der Mauer bleiben und bekam den Gegenschlag zu spüren. Hausarreste, Verhaftungen, Druckverbote, Strafverfahren wegen »ungesetzlicher Verbindungsaufnahme« bei Veröffentlichungen im Westen – die Staatsführung spielte die ganze Klaviatur der Unterdrückung. Schriftsteller flohen häufig in den Schutz der Kirchen, wo Lesungen noch möglich waren, oder zogen sich noch mehr als bisher in den Untergrund zurück.

Um den wenig bekannten Opfern dieses Komplettirrsinns stellvertretend wenigstens einen Namen zu geben: Peter Schnetz. Als junger Schriftsteller trat er unverblümt gegen den Unterdrückungsstaat an. Danach ein Jahr Haft wegen versuchter Republikflucht, und als er dennoch nicht aufhörte, mit Gedichten und Theaterstücken gegen die Obrigkeit zu schreiben, noch einmal drei Jahre und sechs Monate wegen »mehrfach begangener planmäßiger staatsfeindlicher Hetze«. Er wurde vom Westen freigekauft und reiste aus. Schriftstellerfreiheit gegen Lösegeld, das der Osten dringend brauchte. Einen Fuß in die westdeutsche Buchland-

schaft bekam er nicht. Er gab seine Arbeiten im Selbst-
verlag heraus. Doch all die Strafen, die Gebrochenen,
die Verurteilten nutzten dem DDR-Staat nichts. »Re-
pression und Anpassung« war die letzte Phase der
DDR-Literatur vor deren Untergang. Wolf Biermanns
Aussperrung gilt als sichtbarstes Zeichen des Anfangs
vom Ende der Deutschen Demokratischen Republik.

Sowjetunion, DDR oder wer immer auf der Welt:
Kein Staat, der sein Volk unterdrückt, überlebt auf
lange Sicht. Der letzte Machthaber der DDR, Erich
Honecker, sprach das für sein Land noch kurz vor
dem Mauerfall unfreiwillig komisch aus: »Den Sozialismus in seinem Lauf hält weder Ochs noch Esel
auf!« Er behielt recht. Die Mauer fiel.

NACHDENKEN ÜBER CHRISTA W.
Anna Seghers, Christa Wolf

Ostdeutsche Schreibgeschichte ist nicht nur eine Geschichte aus Empörung gegen Ungerechtigkeiten, eine Geschichte des Widerstands gegen die Staatsgewalt, des Zerpflückens der Missstände. Sie ist auch die Geschichte derer, die schwiegen, die einverstanden waren, die zur Obrigkeit hielten. Dazu gehört Anna Seghers, die große alte Dame der ostdeutschen Literatur. Anna Seghers, eigentlich Netty Radványi, war 1950 in die DDR gegangen. Bei ihrem Lebenslauf kein Wunder. Lebensstenogramm: Geboren 1900, aufgewachsen in Mainz. Jüdin. Verheiratet mit dem Ungarn László Radványi. Umzug nach Berlin. Erste Veröffentlichung, die Erzählung *Grubetsch* 1927, unter dem Namen Seghers. Im Jahr darauf *Aufstand der Fischer von St. Barbara* und Beitritt zur KPD, der Kommunistischen Partei Deutschlands. 1939 erste Reise in die Sowjetunion. Nach Hitlers Machtübernahme von der Gestapo, der Geheimen Staatspolizei, verhaftet. Ihre Bücher wurden verboten und 1933 auf den Bücherscheiterhaufen der Nazis verbrannt. Flucht über die Schweiz nach Paris. Nach dem Einmarsch deutscher Truppen in Frankreich über Marseille, Martinique, New York, Veracruz nach Mexiko geflohen. 1947 Rückkehr nach Westberlin, Beitritt zur SED. 1950 Umzug nach Ostberlin. Stenogramm Ende.

Anna Seghers war der DDR hochwillkommen, denn seit ihrem Buch *Das siebte Kreuz*, das sie nach ihrer Flucht aus Deutschland 1938 begonnen hatte, war sie weltberühmt. Mit Recht. Ein ehemaliger Häftling hatte ihr von einem Kreuz erzählt, das der Kommandant eines Konzentrationslagers aufrichten ließ. Zur Abschreckung hatte der Kommandant einen Flüchtling nach einer misslungenen Flucht an das Kreuz gehängt und ihn elend zugrunde gehen lassen. Anna Seghers machte daraus *Das siebte Kreuz*: Deutschland im Jahr 1937. Vier Jahre nach der Machtergreifung Hitlers ist die Arbeitslosigkeit der Weimarer Republik vergessen, die Demütigung Deutschlands nach dem Ersten Weltkrieg abgeschüttelt. Autobahn und Aufrüstung – die Deutschen sind wieder wer. Das Konzentrationslager vor dem Dorf müsste nicht sein, aber das wird schon alles seine Ordnung haben. Dringen Schreie aus dem Lager herüber, ist das nicht schön, aber wozu hat man Fenster, die man schließen kann. Die trügerische Ruhe endet, als der Kommunist Georg Heisler mit sechs Leidensgenossen flieht. Der Lagerkommandant schwört, die sieben Häftlinge binnen sieben Tagen an die sieben Bäume zu hängen, deren Kronen gekappt und an deren Stämme sieben Querbalken genagelt werden. Einer stirbt auf der Flucht, ein Zweiter stellt sich, die Kreuze füllen sich, das siebte Kreuz aber bleibt leer. Heisler entkommt den Häschern, aber das Netz um ihn zieht sich zu. Ohne Hilfe ist er verloren, Unterstützung jedoch hat ihren Preis, denn einem Flüchtling zu helfen bedeutet nicht nur, das eigene Leben aufs Spiel zu setzen, sondern auch das der Frau, der Kinder, des Mannes, der Verwandten. Die Gestapo kennt keine Gnade. Sippenhaft. Wer hilft, ist dran. Was tun, wenn ein früherer Freund an die Tür klopft? Haben ihn die Nachbarn gesehen? Hat er seine Verfolger etwa hierher geführt? Nicht allen gelingt, die Angst zu besiegen, die Zweifel, die Mutlosigkeit, und schon gar nicht bei einem wie Heisler. Sein Spott, seine Überheblichkeit vor der Verhaftung – selbst Genossen haben nicht recht Lust, ihm beizustehen. Seine Flucht ist beinahe schon ärgerlich lästig. Und Heisler? Auch er ist zerrissen. Wäre er doch nur einfach mitgelaufen. Hätte er sich doch nicht gegen die neuen Machthaber gestellt. Wie schön das wäre, ein ruhiges Leben, eins wie alle anderen. Mit jedem Tag länger aber, an dem der siebte Baum leer bleibt, wird das Folterkreuz für die Häftlinge zum Hoffnungszeichen, an dem der KZ-Kommandant scheitert. Der Kommandant wird abgelöst, die Bäume werden gefällt, er begeht Selbstmord.

Das siebte Kreuz ist kein Gut-Böse-, kein Schwarz-Weiß-Buch. Erschienen 1942 inmitten des Zweiten Weltkriegs, zu Ende geschrieben in Mexiko, ausgerechnet von einer Deutschen, die zeigte, dass in Deutschland nicht nur Nazis lebten, dass Widerstand geleistet wurde, dass gegen Hitler angekämpft wurde, dass die Nazis nicht allmächtig waren, dass nichts verloren ist, solange Menschlichkeit, Würde, Güte trotz aller Angst nicht ganz aufgegeben werden. Für ihr Eintreten gegen den nationalsozialistischen Unrechtsstaat erntete Anna Seghers Weltruhm, für ihr Schweigen im Unrechtsstaat DDR dagegen Feindseligkeit. Sie war unbeirrbar linientreu, ihr Name fehlte nicht nur auf dem Protestschreiben zu Biermanns Ausbürgerung. Keine Auflehnung gegen Schauprozesse, kein Widerstand gegen Schriftstellerhatzen, kein Aufschrei bei Verhaftungen. Anna Seghers war die Präsidentin des Schriftstellerverbandes der DDR, aus dem immer wieder unliebsame Mitglieder ausgeschlossen wurden. Auch dazu kaum ein Widerwort von ihr, zumindest kein allzu lautes nach außen.

Ist deswegen *Das siebte Kreuz* ein schlechtes Buch? Gewiss nicht. Für Anna Seghers gilt, was sich der Schriftsteller Hermann Kant, ihr Nachfolger im Schriftstellerverband, nach dem Ende der DDR erhoffte: »Dass ich jenseits von allem anderen Gut und

Böse hin und wieder gesagt kriege: Schuft magst du ja wohl sein, aber schreiben kannst du ganz ordentlich.« Vergessen aber macht das nicht, dass Kant dem Schriftsteller Reiner Kunze bei dessen Übersiedlung in den Westen nachrief: »Kommt Zeit, vergeht Unrat.« Ein Gleiches gilt für Anna Seghers, die als Leiterin des Schriftstellerverbandes der DDR bei Ausschlüssen oder Druckverboten ihre Finger im Spiel hatte. Vor dem Druck der Bücher wurde ganz genau hingesehen, und was als misslich empfunden wurde, musste gestrichen werden. Zensur. Viele Schriftsteller warfen sich in der DDR daher auf die Lyrik, die nicht auf den ersten Blick zu durchschauen war. Viel genutzt hat das nicht. Wer keine Jubelhymnen schrieb, war dran. Stellvertretend dafür Reiner Kunze. Sein Gedicht *Sensible Wege*: »Sensibel | ist die erde über den quellen: kein baum darf | gefällt, keine wurzel | gerodet werden | Die quellen könnten | versiegen | Wie viele bäume werden | gefällt, wie viele wurzeln | gerodet | in uns.« Seine vordergründige Warnung vor der Vernichtung der Natur durch den ungehemmten Raubbau in der DDR ist zugleich auch die Warnung vor dem Ausdörren ihrer Menschen und dem Versiegen des Kulturlandes DDR, durch den Weggang seiner Schriftsteller, Maler, Künstler, denen auch Anna Seghers die Luft zum Atmen nicht gab. *Sensible Wege* blieb in der DDR ungedruckt. All die Druckverbote aber, die Verbandsausschlüsse, die Gefängnisstrafen haben den Untergang der DDR nicht verhindert. Ganz im Gegenteil, sie haben ihn beschleunigt, weil sie das Unrecht des Staates unverhohlen zeigten. Rand-bemerkung: Kleinschreibung der Wörter im Deutschen wie bei Reiner Kunzes Gedicht wurde eine Zeit lang großgeschrieben. Ein Irrweg, denn ohne Unterscheidung zwischen groß und klein verliert die deutsche Schriftsprache ihre Eindeutigkeit. Beispiel: Was bedeutet »der gefangene floh«?

Anna Seghers hat das Ende »ihrer« DDR nicht mehr erlebt. Umstritten blieb ihre Haltung bis zum Schluss im Westen und im Osten. Sie starb 1983, sechs Jahre vor dem Mauerfall, der in Deutschland einen »Literaturstreit« auslöste, der sich letztlich um die Frage drehte: Haben Schriftsteller, deren Bekanntheit sie einigermaßen unangreifbar macht, in Unrechtsstaaten die »Pflicht« zum offenen Widerstand? Oder anders: Falls sie auf der Seite dieser Staaten stehen, ist ihr Schreiben dann noch ernst zu nehmen? Anna Seghers konnte die Frage nicht mehr gestellt werden, dafür aber der weltweit angesehenen Schriftstellerin Christa Wolf, die von der ganzen Wucht der Auseinandersetzung getroffen wurde. Er entzündete sich vor allem in Westdeutschland an ihrer Erzählung *Was bleibt*. Sie schildert darin den Alltag einer Ostberliner Schriftstellerin, die von der Staatssicherheit ganz offen beobachtet wird. Ein Alltag, der keiner ist. Wird ihre Wohnung durchsucht, werden absichtlich Spuren hinterlassen, um deutlich zu zeigen, dass sie überwacht wird. Sie weiß, Gespräche in der Wohnung werden abgehört, das Telefon ist angezapft. Sie hat Angst, wird beherrscht von Unrast, Schlaflosigkeit, Gewichtsverlust. Nach dem Schreibmuster einer Novelle (italienisch »novella«, die Neuigkeit) widerfährt ihr eine »unerhörte Begebenheit«: Eine ihrer Lesungen ist halbvoll mit Spitzeln, und dennoch kommen mutige Fragen auf. Erstaunt und ängstlich zugleich erkennt sie, dass der Wille und der Mut der nachfolgenden noch jungen Schreibenden ungebrochen ist, die verordnete Unmündigkeit, das Stillschweigen und Kuschen abzuschütteln.

Was bleibt: Geschrieben 1979, erschienen 1990. Und genau das war der Vorwurf, der Christa Wolf gemacht wurde. Warum veröffentlichte sie das Buch erst, nachdem die DDR untergegangen und eine Veröffentlichung gefahrlos war? Um die eigene Vorzugsbehandlung im Überwachungsstaat nicht aufs Spiel zu setzen? Warum nicht 1979? Nach Biermanns Ausbürgerung hätte Christa Wolf für die jungen, die verfolgten, die weggeschlossenen Schriftsteller ein Leuchtturm sein können. Ihr Mut hätte denen im DDR-Volk Mut geben können, die genauso wie die Schriftsteller unter Verfolgung litten. Hätte können. Aber: hätte müssen? Das zu fordern war leicht im allzeit behaglichen Meinungsfreiheits-Westen. Ihr Namenszug unter dem Biermann-Protest war vergessen, und Christa Wolf wurde als »DDR-Staatsdichterin« beschimpft, auch weil sie nach dem Fall der Mauer für einen Fortbestand der DDR eintrat. »Wende« und »Wiedervereinigung« lehnte sie ab. Ihre Gegner aber rieben sich die Hände, als bekannt wurde, dass Christa Wolf als inoffizieller Mitarbeiter »IM Margarete« geführt worden war. Die

Berichte, die sie lieferte, waren so belanglos, dass die Stasi nach drei Jahren, 1959 bis 1962, keinen Wert mehr auf sie legte. Die Anwürfe gegen Christa Wolf milderte das aber nicht. Sie sah den Streit als Stellvertreterabrechnung für das DDR-Unrecht insgesamt. Was Heinrich Böll in *Katharina Blum* beschrieben hatte, geschah auch hier: Die Massenblätter überschlugen sich. Nachdem aber zunehmend nicht nur Christa Wolf, sondern ebenso ihren Büchern, denen bislang noch immer gerade im Westen eifrig Beifall geklatscht worden war, die Glaubwürdigkeit abgesprochen wurde, hatten Schriftsteller wie Günter Grass oder Walter Jens genug von dem Gehabe. Sie traten für Christa Wolf ein, denn selbst falls ihr Verhalten zu DDR-Zeiten zu verurteilen wäre, so zählten ihre Werke trotz allem zu den herausragenden deutschen Büchern.

Der »Literaturstreit« – eine Geisterdebatte, oft genug geführt von denen, die nie in einem Spitzelstaat gelebt hatten und vergaßen, dass auch Christa Wolf in der DDR keinen leichten Stand gehabt hatte. Das hatte das Gezerre um das schon 1968 erschienene Buch *Nachdenken über Christa T.* längst gezeigt. Die Veröffentlichung stand lange auf der Kippe, sie erfolgte nur nach staatlicher Zensur, und schon vor der Veröffentlichung wurde Christa Wolf von Schriftstellerkollegen heftig angegriffen, weil sie gegenüber *Der geteilte Himmel* einen Schritt weitergegangen war. Christa T., Schulfreundin und Mitstudentin der Erzählerin, dann Frau eines Tierarztes auf dem Lande,

Mutter zweier Kinder, stirbt in jungen Jahren an Blutkrebs, und die Erzählerin verwebt die nachgelassenen Aufzeichnungen ihrer Freundin mit ihren Erinnerungen an sie, um mit der »Trauerarbeit« das Leben der Toten nachzuzeichnen und ihre Freundschaft zu beleuchten. So weit, so einfach. Doch nicht ganz. Nachdem die beiden Frauen in den Aufbaujahren der DDR wieder zusammengekommen waren, teilten sie die Begeisterung für den sozialistischen »neuen Menschen«. Christa T. hoffte sehnsüchtig auf Selbstverwirklichung in der »neuen Gesellschaft«, an der sie voller Ungeduld, Tatendrang und Wahrheitshunger mitarbeiten wollte. Nur war genau das leider überhaupt nicht gefragt. Das Land brauchte alles, bloß keine selbstständig denkenden Bürger. Das Volk hatte zu funktionieren, der Einzelne war bloß eine kleine Schraube im Staatsräderwerk. Stillschweigende, gehorsame Anpassung an die Masse war erwünscht. Der Staat ist alles, der Mensch nichts – die Enttäuschung folgte daher auf dem Fuß. Christa T. zog sich aufs Land zurück, und als Gleichnis ihrer Suche nach Selbstverwirklichung baute sie ein Haus, das niemals fertig wurde.

Christa Wolfs *Nachdenken über Christa T.*, die nicht freudestrahlend in den fähnchenschwingenden Jubelmassen aufgeht, sondern auf der Suche nach sich selbst ist, war den DDR-Oberen ein Dorn im Auge. Und allerspätestens mit Christa Wolfs *Kassandra* wurde aus dem Dorn ein Pfahl. Die griechische Seherin Kassandra ist die Tochter des trojanischen Königs

Priamos. Der Gott Apollon, der um sie warb, schenkte ihr die Gabe der Weissagung. Kassandra aber verweigert sich Apollon. Weil er das Geschenk nicht zurücknehmen kann, belegt er sie mit einem Fluch: Keiner wird je ihren Vorhersagen Glauben schenken. Und dies geschieht auch, als sie den Untergang der Stadt Troja im Trojanischen Krieg voraussagt. Troja wird durch eine List von den Griechen erobert, Kassandra als Kriegsbeute des Griechenkönigs Agamemnon nach Mykene verschleppt. Nun sitzt sie vor den Mauern der Königsstadt auf einem Beutewagen, und als Seherin weiß sie, dass sie noch an diesem Tag getötet werden wird. Ihre Gedanken schweifen zurück zu den Ereignissen um den Untergang Trojas: Kassandra versuchte, sich von der Herrschaft der Männer zu befreien, ihr Leben selbst zu bestimmen. Nicht nur die Sehergabe, auch dieser Freiheitsdrang machte sie zur Außenseiterin, denn Troja stand im Krieg. Soldaten, Krieger, Männer, Helden wie der Trojaner Hektor oder der Grieche Achill, den Kassandra nur »Achill, das Vieh« nennt, führten säbelrasselnd das große Wort – Frauen hatten nichts zu sagen. Auch ohne Apollons Fluch wäre ihr »Kassandraruf« ungehört verhallt: Die griechische Flotte hat Trojas Küste verlassen, vor den Toren der Stadt aber ein hölzernes Pferd zurückgelassen. Kassandra warnte davor, das Pferd in die Stadt zu bringen. Zu Recht. Das Trojanische Pferd war eine List. Griechenkrieger waren in ihm verborgen, die in der Nacht dem Pferd entstiegen und das Stadttor öffneten. Keiner hatte Kassandra geglaubt. Das zurückgekehrte Griechenheer hatte Troja niedergebrannt, und in wenigen Augenblicken wird auch Kassandra sterben.

Schon dass Christa Wolf entgegen der DDR-Weltanschauung Geschichte nicht als »Klassenkampf« der Arbeiter und Bauern gegen die Kapitalisten, sondern als Geschlechterkampf »gewalttätiger Mann« gegen »unterdrückte Frau« beschrieb, brachte die Staatsführung gegen sie auf. Schlimmer indessen war, dass sie Troja als Sicherheits- und Überwachungsstaat schilderte, der dem Krieg alles unterordnete, um dem Feind vor der Mauer standzuhalten. Troja war damit unschwer als Sinnbild der eingemauerten DDR zu erkennen. Das Dreschen der in allen Jahrhunderten gleichen Kriegs- und Friedensphrasen aber kann in *Kassandra* nicht verdecken, dass sich nach den zehn Jahren des Krieges die »guten« Trojaner nicht mehr von den »bösen« Griechen unterscheiden. Im Krieg sind alle gleich. Das Morden findet auf beiden Seiten statt. Ist er entfesselt, herrscht das Böse. *Kassandra* erschien auf dem Höhepunkt des atomaren Wettrüstens zwischen Ost und West. Der Kalte Krieg stand in seiner gefährlichsten Blüte seit der Kubakrise, westliche Mittelstreckenraketen wurden gegen die russischen SS-20 in Stellung gebracht. Dass, wie von Christa Wolf gezeigt, keine der beiden Seiten das »Gute« für sich gepachtet hatte, war eine Ohrfeige für die DDR-Führung, die sich allzeit für besser als der »böse« Westen ausgab. Die Folgen für Christa Wolf: das Übliche. Erheblicher Druck. Die Geschichte des brennenden Troja erschien dennoch 1983. Bemerkenswert allerdings: 1983 brannte ihr Landhaus ab.

Kaum acht Jahre später aber verhinderte all dies den »Literaturstreit« um Christa Wolf nicht, der ähnlich in Deutschland schon einmal geführt worden war. Unmittelbar nach Ende des Zweiten Weltkriegs. Die Streitparteien damals: auf der einen Seite Schriftsteller, die aus Hitlerdeutschland ins Exil geflohen waren, auf der anderen Seite Schriftsteller, die geblieben waren. Exil gegen »innere Emigration«. Die Behauptung, von der Judenvernichtung nichts gewusst zu haben, nichts von den Wehrmachtgräueln an den Fronten, nichts von den Verhaftungen von Nazigegnern zu Hause, wurde den Daheimgebliebenen von den Ausgewanderten nicht abgekauft. Zu Recht? Wie immer: ja und nein. Deutsche Schriftsteller waren Mitläufer gewesen, hatten sich die Hände schmutzig geschrieben, hatten auf der Bühne, im Film, in den Zeitungen geholfen, das Naziregime zu stützen. Andere dagegen hatten den Kopf in den Sand gesteckt oder waren in die Gefängnisse gegangen, und wieder andere hatten in der Gewissheit weitergeschrieben, ihre Bücher niemals veröffentlicht zu sehen, gleichwohl sie Herausragendes geleistet hatten. Werner Bergengruens *Der Großtyrann und das Gericht* zählt dazu, Reinhold Schneiders *Las Casas vor Karl V.*, Stefan Andres *El Greco malt den Großinquisitor* oder Wolfgang Koeppens *Die Mauer schwankt*. Die aus Deutschland Geflohenen – die in Deutschland Gebliebenen: Die Vorwürfe, die zwischen ihnen hin und her flogen, waren berechtigt und unberechtigt gleichermaßen. Der Vorwurf der Daheimgebliebenen jedoch, die Schriftsteller im Exil hätten ihr Land in der schlimmsten Not alleingelassen, lief ins Leere, weil er übersah, dass sie ohne die Flucht umgekommen wären. Die Mitwisser, die Helfer, die Antreiber an den Pranger zu stellen war zwar zum einen dringend nötig, zum anderen aber wurde oft verkannt, dass in Nazideutschland als Schriftsteller zu überleben, kein Zuckerschlecken war. Siehe Erich Kästner. *Pünktchen und Anton*, *Das doppelte Lottchen*, *Emil und die Detektive*, *Das fliegende Klassenzimmer* – wer in ihm nur den Kinder- und Jugendbuchautor sieht, der unterschätzt ihn und vor allem seine bitterbös treffsicheren Gedichte gewaltig. Ein Sprung zurück in die Vergangenheit.

ICH LAS, ALS WÄR ES ATEMHOLEN
Erich Kästner

Bäcker, Gemüsehändler, Fleischer, kleine Kneipen, ein Fahrradverkäufer, Papierläden, ein Uhrengeschäft: Dresden, Jahrhundertwende, ein Kleine-Leute-Viertel, in dem die Mieten niedrig waren. In einer Mansardenwohnung nähte Ida Kästner Leibbinden in Heimarbeit. Tag für Tag das einförmige Rattern der Nähmaschine. Eine Schinderei für Pfennige, aber sie brauchte das Geld, denn sie bekam ein Kind. Vor Jahren hatte sie einen Sattlermeister geheiratet, doch das Geschäft, das sie eröffneten, hielt sich nicht lange. Koffer, Taschen und Schuhe wurden in den Fabriken

schneller und billiger hergestellt. Sie nähte, um dazu-
zuverdienen und ihre Schulden aus der Pleite abzu-
zahlen. Vom Leben enttäuscht, lag jetzt ein bitterer
Zug um ihren Mund. Am 23. Februar 1899, morgens
gegen vier, kam der goldblond gelockte Junge in der
Mansarde zur Welt. Ein hübsches Kind, sagte die
Hebamme. Am nächsten Tag meldete der Vater die
Geburt des Kindes auf dem Standesamt, doch Emil
Erich Kästner war nicht sein Sohn, sondern der des
Hausarztes der Familie, und der war Jude. Erich Käst-
ner überlebte das Dritte Reich, weil die Familie das
Geheimnis wahrte.

Wie zu allen Zeiten: Das Kind sollte es einmal besser haben. Erdrückend ehrgeizig setzte Ida Kästner
alles auf ihn. »Deshalb durfte ich sie nicht enttäu-
schen. Deshalb wurde ich der beste Schüler und der
bravste Sohn.« Erich versäumte keinen Schultag, lernte
gern, las beim Schein der blakenden Petroleumlampe.
»Ich las und las und las. Kein Buchstabe war vor mir
sicher.« Für ihn schuftete die Mutter. Im Schlafzimmer richtete sie einen Frisiersalon ein, und der Sohn
verdiente dazu. Für Verwandte, Pferdehändler, brachte
er nach guten Verkäufen das Geld zur Bank. Er ging
zum Schalter, stellte die dicke Aktenmappe darauf,
packte die Geldbündel aus. Fünftausend, zehntau-
send, vierzigtausend Mark. Die anderen Kunden vergaßen vor Staunen, ungeduldig zu werden. Zählte der
Kassierer eine andere Summe als Erich, hatte sich immer der Kassierer verrechnet. Stolz kam Erich dann
mit Quittung und leerer Aktenmappe zurück. Ein Zu-

brot, das freilich nicht reichte. Ida Kästner vermietete
daher erst eins, dann zwei der drei Zimmer ihrer Wohnung. Ein Lehrer zog ein. Nach ihm kam eine Lehrerin, dann wieder ein Lehrer. Ida Kästner wählte mit
Bedacht. Wenigstens ihr Sohn musste nach oben, und
der stöberte auch fleißig in den Büchern der Unter-
mieter. Berufswunsch: Lehrer werden. Erich Kästners
Schule, seine »Kinderkaserne«, war gleich zwei Ecken
weiter, und weil er blitzgescheit war und alles viel zu
rasch begriff, langweilte er sich. Er schwätzte, machte
Unsinn. Erich Kästner lernte ganz woanders: Er las
alles, was ihm in die Finger kam. Bücher, Hefte, Pla-
kate, Firmenschilder, Namensschilder, Prospekte,
Gebrauchsanweisungen, Grabinschriften, Tierschutz-
kalender, Speisekarten, Kochbücher, Ansichtskarten,
vom eingewickelten Kopfsalat durchgeweichte Zei-
tungsseiten. »Ich las, als wär es Atemholen.«

Ida Kästner förderte ihren Sohn, wo sie konnte.
Sie legte Geld zurück für Klavierstunden, die er nicht
mochte, ging mit ihm ins Theater, das er liebte. Sein
Vater war nicht dabei. Seine Mutter hielt ihren Mann
für einen Verlierer, schloss ihn aus, und machte her-
risch klar, dass Erich Kästner ihr Sohn war, nicht seiner. Zwischen Mutter und Vater herrschte ein stän-
diger, verbissener, stiller Wettstreit. Um es beiden
recht zu machen, war Erich immer Klassenerster. Ida
Kästner gewann den Wettkampf um den Sohn, doch
ihr Einsatz zehrte an ihrer Kraft. Manchmal kam Erich
aus der Schule und fand Zettel von ihr auf dem Tisch.
»›Ich kann nicht mehr!‹ stand darauf. ›Sucht mich

nicht!‹ stand darauf. ›Leb wohl, mein lieber Junge!‹ stand darauf. Und die Wohnung war leer und tot.« Mit hämmernden Schläfen rannte er dann los, suchte nach ihr, und fand sie meist auf den Elbbrücken, wie sie auf das Wasser starrte. Er packte sie, zerrte und rüttelte an ihr, schrie und weinte, bis sie wie aus einem Traum erwachte. Wenn Erich Kästner nicht vor dem Dritten Reich ins Exil floh, dann auch wegen seiner Mutter. Sein Leben lang schrieb er ihr Briefe, oft jeden Tag, und wenn er Geld hatte, legte er ein paar Scheine bei.

1913 war seine Kindheit vorbei. Das »Kleinmaleins des Lebens« hatte er gelernt, jetzt kam das große. Das Schulgeld für eine höhere Schule konnten sie nicht aufbringen. So blieb für ihn nur das günstige Lehrerseminar, und Lehrer wollte er ja werden. Mit dreizehn bestand er die Aufnahmeprüfung. Die Mutter war zufrieden, aus ihm würde was Besseres werden. Mit Mütze, Anzug und Krawatte sah er fast aus wie ein Student, aber eben nur fast. Um Volksschullehrer zu werden, brauchte er kein Abitur, kein Studium. Eine Ausbildung zweiter Klasse. In der Schule herrschte strenger Drill, den er verachtete, doch er war so gut wie immer. Dann Beginn des Ersten Weltkriegs 1914, und Monat für Monat wurden die Totenlisten länger. Im Kriegswinter 1916 auf 1917 wurden Kartoffeln und Kohlen knapp, eine Hungersnot brach aus. Das Schlimmste aber war die Angst. Immer mehr ältere Schüler wurden an die Front geschickt, um sinnlos zu verbluten. Erich Kästner wurde 1917 eingezogen. »Wer ihn gekannt hat, vergisst ihn nie. | Den legt man sich auf Eis! | Er war ein Tier. Und er spie und schrie. | Und Sergeant Waurich hieß das Vieh, | damit es jeder weiß.« Wie Abertausende wurde Erich Kästner beim Militär geschliffen. Von der Schinderei blieb ihm eine Herzschwäche, die sich bei Angst und Überforderung zeigte. Und noch eins blieb: Er wurde zum Kriegsgegner und verabscheute das Militär. Unterdrückung und Gewalt begegnete er mit scharfem Hass, und in seinen Gedichtbänden machte er sich Jahre später Luft. »Einst haben die Kerls auf den Bäumen gehockt, | behaart und mit böser Visage. | Dann hat man sie aus dem Urwald gelockt | und die Welt asphaltiert und aufgestockt, | bis zur dreißigsten Etage.« Kästner teilte aus mit grober Kelle.

An die Front musste er nicht mehr. 1918 war der Krieg vorbei, und Erich Kästner fehlte nur noch eine Prüfung, die er lässig bestanden hätte. Ihm war aber längst klar, dass er kein Lehrer mehr werden konnte. Erst drückte er sich schuldbewusst herum, dann platzte er mit der Nachricht heraus: Er wolle studieren, und jetzt war Ida Kästner wirklich stolz. »Gut, mein Junge! Studiere!« Er holte den Stoff rasch nach, bestand das Abitur mit Auszeichnung, doch so kurz nach Kriegsende herrschten immer noch Not und Mangel, und die Geldentwertung ließ auch Erich Kästners geringes Studiengeld schmelzen. An der Universität arbeitete er als Hilfskraft, und weil das Geld nicht reichte, übte er in seiner Bude kellnern, bis die Zimmerwirtin das übrig gebliebene Porzellan wegsperrte. Er dachte daran, als lebendes Werbeschild herumzulaufen, Portier, Feuerwehrmann, Laufjunge zu werden, bis er dann doch eine Arbeit als Hilfs-buchhalter fand. An einem von Spendern eingerichte-ten Freitisch durfte er kostenlos zu Mittag essen.

Erich Kästner aber hatte das Glück des Tüchtigen. Er verschickte eine Glosse (von altgriechisch »glossa«, Zunge, Sprache), eine spöttisch witzige, scharfzüngig ausführliche Randbemerkung über die Geldentwer-tung, an ein Tagblatt, die so gut war, dass er dort eine Anstellung erhielt. Dazu schrieb er für weitere Blätter Erzählungen und Bänkellieder und gab den Kummer-kastenonkel, erste Gedichte und politische Parodien von ihm erschienen. Erich Kästner begann sich ein-zumischen. Es ging aufwärts. Er studierte nur noch nebenbei, wollte aber auf jeden Fall eine Doktorarbeit schreiben. Kästner überließ seine Stelle geschäftstüch-tig vier Monate einem Freund für den halben Lohn, die andere Hälfte strich er ein, bis er den Doktorhut aufgesetzt bekam. Er arbeite wie ein Heupferd im Geschirr, sagte er, denn auch die Nebenbei-Schreib-aufträge kamen immer schneller ins Rollen.

Bald verdiente er genug, um sich zwei eigene Zim-mer bei einer Anwaltswitwe zu mieten, die er »Spinat-wachtel« nannte. Er schlief gern und lang. Meist tauchte Kästner erst gegen elf in der Zeitung auf, was ihm böse Blicke einbrachte. Überhaupt arbeitete er lieber im Kaffeehaus, und das stets im Anzug. Bei Kaffee und Cognac warf er seine Besprechungen von Büchern, Ausstellungen und Stücken mit dem Bleistift auf die karierten Blätter seines Blocks. Kästner war achtundzwanzig und träumte davon, dass spätestens mit dreißig sein Name bekannt sei. Mit fünfunddreißig wollte er anerkannt, mit vierzig ein bisschen berühmt sein. Dafür ackerte er unermüdlich, doch ebenso lachte und feierte er gern bei Bowle und Grammophonmusik und galt als frecher, unwiderstehlicher Verführer. Über die Jahre hatte er Geliebte zuhauf, und eine wie die andre verließ er mit schlechtem Gewissen. Sie waren vernarrt, er nicht. Seine Mutter war die einzige Liebe, die er nicht enttäuschte. »Träumst von Liebe. Glaubst an keine. | Kennst das Leben. Weißt Bescheid. | Einsam bist du sehr alleine – | und am schlimmsten ist die Einsamkeit zu zweit.«

Silvester 1926 mietete sich Kästner im vornehmen Berliner Hotel Excelsior ein Zimmer, badete ausgiebig, ging dann ins Café Kranzler und bummelte die Neujahrsnacht durch die Straßen und Kneipen. Er war öfter in Berlin, denn dort war was los. Berlin war schick. Hans Fallada, Bert Brecht, Marieluise Fleißer – alle waren sie da. Tanzpaläste, Jazzkeller, Boxkämpfe, Automobile, Straßenbahnen, über dreißig Theater, 342 Kinos, der Kurfürstendamm, quirlig und laut, und mittendrin Erich Kästner, der alles gierig aufsog und wie besessen schrieb. Seine »Versfabrik« brummte, denn er hatte den Blick für die am Rand, denen die zwanziger Jahre nicht golden waren. Die »Linke« schätzte ihn dafür, dass er hinter dem Glanz das Elend sah, das er in seinen Artikeln beschrieb. Berlin taumelte quietschvergnügt, doch Berlin taumelte in den

Abgrund. »Was man auch baut – es werden stets Kasernen. | Kennst Du das Land, wo die Kanonen blühn? | Du kennst es nicht? Du wirst es kennenlernen!« Der »Schwarze Freitag« 1929 war der Anfang vom Ende. Weltwirtschaftskrise, Arbeitslosigkeit, Verelendung, Bettler auf den Straßen. Die Weimarer Republik wankte. Linke Brigaden und rechte Freicorps gaben der Republik über die Jahre den Rest. Doch diese Jahre waren die besten für Kästner, bevor auch er das Kanonenland kennenlernte.

Anders als die hochgestochenen Gedichteschreiber, die er als »Lyriker mit dem lockig im Winde wallenden Gehirn« verspottete, wandte er sich an die kleinen Leute. Seine aufspießende »Gebrauchslyrik« sollte jedermann lesen oder hören, ohne dabei einzuschlafen. Schnoddrig nahm er mit ihr die Dummheit aufs Korn, die Spießbürgereien, die dickwanstigen Herrenmenschen, und immer wieder das Säbelrasseln. Kästner wollte aufrütteln. »Verlaßt Euch nie auf Gott und seine Leute! | Verdammt, wenn Ihr das je vergeßt.« Kästner war einer, der ahnte, was kam, und er rückte damit vor in die erste Reihe. Doch sosehr er mit seinen Gedichten ins Leben eingreifen wollte, er wusste, dass sie nichts wirklich änderten, und daran litt er. »Du liebst die Menschen nicht. Du hast es leicht.« Doch die Gedichte zeigten durchaus Wirkung. Die Rechten griffen ihn an. Sie beschimpften ihn als Schmierfink, seine Bücher als volksvergiftend. Die Bände verkauften sich dennoch blendend oder gerade deswegen, und bald schon lag überall sein neues Buch aus. 4000 Stück waren nach vier Wochen verkauft, noch ein halbes Jahr, und die zweiten 20 000 waren gedruckt: *Emil und die Detektive*. Keine Cowboys, keine Indianer, keine Spielzeugwelt, kein Prinz, kein Drache. Emil Tischbein, der im Zug nach Berlin von einem Herrn mit steifem Hut bestohlen wird, ist ein Kind, wie Kinder sein möchten. Obwohl er sich fürchtet, handelt er schlau, er findet Freunde, besteht ein richtiges Abenteuer, und die Stadt, durch die er mit seiner Bande den Dieb jagt, ist kein Es-war-einmal-Märchenland. Die Kinder sind aufmüpfig, quicklebendig, kess und pfiffiger als die Erwachsenen. Emil ist so, wie sich Kinder das erträumen. Er ist einer von ihnen. Das war neu und das kam an, und weil das Buch wegging wie warme Semmeln, lieferte Kästner Jahr für Jahr ein weiteres Kinderbuch, darunter *Pünktchen und Anton* und *Das fliegende Klassenzimmer*. Die Kinder liebten Kästner, weil er sie verstand. Er war auf ihrer Seite.

Mit *Emil und die Detektive* reiste Kästner herum und gab Autogrammstunden, er schrieb für Kabarett, Revue und Varieté, aus den Büchern wurden Theaterstücke, Hörspiele, später Filme, aus den Gedichten Lieder, seine Kurzgeschichten arbeitete er in Romane ein und umgekehrt. Kästner hetzte von Auftrag zu Auftrag und stellte daher eine Sekretärin ein. Er war alles andere als ein Dachkammerpoet und genoss das gute Leben in Berlin und im österreichischen Kitzbühel. Arm war er lange genug gewesen, und auch die Eltern sollten endlich etwas haben. Er wollte verkaufen und zog dafür alle Register: Zeitung, Buch, Hörfunk und vor allem den Film. In Berlin entstanden die größten Kinopaläste Europas, die Studios in Babelsberg traten gegen Hollywood an, die UFA, die Universum Film AG, suchte händeringend Drehbuchautoren, zu den Filmpremieren liefen die Stars umjubelt über den roten Teppich. 1930 unterschrieb Kästner bei der UFA für *Emil und die Detektive*. Der Erfolg der Filmpremiere im Dezember 1931 war sagenhaft. Erich Kästner wurde wohlhabend. Die »Scheinchen« an seine Mutter flossen häufiger. Er kaufte sich seinen ersten Frack, nahm sich eine neue, teure Wohnung, im Skiurlaub stieg er in den besten Häusern ab. Er brauchte die Cafés und Bars, und oft saß Ida Kästner mit dabei. Alle nannten sie wie er nur »Muttchen«. Dass Kästner reichlich Trinkgeld gab, seine Freundinnen großzügig beschenkte und zu Taxifahrern und Bettlern freigebig war, gefiel ihr weniger. Kästner spendete viel. Die Armut ging um, und die einfachen Arbeiter und kleinen Angestellten wussten in der Wirtschaftskrise nicht ein noch aus. Aber sie hatten ihre Wählerstimmen und sie gaben sie ab. 30. Januar 1933: Adolf Hitler kam an die Macht. Durch das Brandenburger Tor marschierte ein Fackelzug, am 27. Februar brannte das Parlament, der Reichstag. Bert Brecht floh aus Berlin, Heinrich Mann entkam nur knapp, die Verfolgungen begannen. Ein Freund Kästners wurde verhaftet, ermordet und aus dem Fenster geworfen. Auch Kästner reiste ab – in den Urlaub nach Meran. Im Frühjahr 1933 aber kehrte er zurück. Das wurde ihm später angekreidet. Er hätte fliehen können, doch er blieb, anders als die rund 1500 deutschen Schriftsteller, die im Ausland unter dem erdrückenden Gefühl der Heimat- und Sprachlosigkeit litten. Deutschsprachige Bücher wurden im Ausland kaum gelesen. Was also und für wen sollte ein deutscher Schriftsteller, der auf seine Muttersprache angewiesen war, in einem fremden Land schreiben? Die Selbstmordrate unter den Flüchtlingen war hoch. Stefan Zweig: Tod in Brasilien. Walter Hasenclever: in Frankreich. Walter Benjamin: in Spanien. Kurt Tucholsky: in Schweden.

1933 bis 1945: »Und nach München lenk die Schritte, | wo der Hitler wohnen soll. | Hau dem Guten, bitte, bitte, | den Germanenhintern voll!« Kästners Wunsch an den Weihnachtsmann war nicht in Erfüllung gegangen. Mit Ausnahme des *Emil* kamen seine Bücher auf die schwarze Liste. Die Nazis hatten eine Rechnung mit ihm offen, jetzt zahlte er die Zeche. Sie hatten nicht vergessen, dass er gegen den deutschen Soldaten angeschrieben, dass er sie mit seinen Gedichten aufgespießt hatte. Am 10. Mai 1933 loderte in Berlin ein Scheiterhaufen aus Büchern. Auch seine brannten. Er stand angewidert in der Menge dabei, den Hut ins Gesicht gezogen, als eine schrille Stimme rief, dort stehe ja Kästner. Doch es geschah ihm nichts. Sein Konto wurde eingefroren, zweimal wurde er verhaftet, zweimal gemustert und wegen seines Herzfehlers für den Militärdienst untauglich erklärt. Er wurde bespitzelt, versteckte sich, und manchen Vernehmungen entging er nur durch Zufall. Kästner tauchte ab und schwieg zu allem, zwölf Jahre lang. »Wer nichts sieht, wird nicht gesehen. | Wer nichts sieht, ist unsichtbar.«

Kästner brauchte Geld. Er brachte seichte Boulevardstücke unter falschem Namen heraus und flog damit auf. Um weiter veröffentlichen zu können, bewarb er sich um Aufnahme in die Reichsschrifttumskammer der Nazischreiber, die nur hitlergenehmes Schreiben zuließ. Erfolglos. Kästner wurde schwermütig. Er glaubte, niemand lese ihn mehr, doch er täuschte sich. Soldaten hatten seine bissigen Gedichtbände im Tornister, und eine handgeschriebene Ausgabe *Doktor Erich Kästners lyrische Hausapotheke* ging im Warschauer Ghetto von Hand zu Hand. Dann die Wende, zumindest für ihn. Von 1939 an war das Kino kriegswichtig. Es lenkte vom großen Sterben ab. Film auf Film wurde gedreht, und Deutschland brauchte Autoren. Zum fünfundzwanzigjährigen Bestehen der UFA 1942 sollte ein Jubiläumsfilm in Farbe aller Welt die technische Überlegenheit des Reiches zeigen. Kästner schlug den Münchhausenstoff vor, der sofort angenommen wurde. Er schrieb das Drehbuch, der Schauspieler Hans Albers ritt als Lügenbaron auf der Kanonenkugel, und Kästner erhielt weiter Aufträge. Am 14. Januar 1943 aber ruderten die Nazis zurück: Schreibverbot für Kästner. Die Wehrmacht siegte nicht mehr, die 6. Armee kapitulierte in Stalingrad, Goebbels sprach im Sportpalast vom totalen Krieg, und als am 3. März 1943 der Münchhausenfilm in Berlin Premiere hatte, wurde der Drehbuchautor Kästner nicht genannt.

Er schrieb nur noch für die Schublade, und die verbrannte am 15. Januar 1944. Kästner wurde ausgebombt. Das sei wie das Brezelbacken gegangen, Geschwindigkeit sei nun mal keine Hexerei, schrieb Kästner galgenhumorig. Dreitausend Bücher waren weg, acht Anzüge, Manuskripte, die Möbel, zwei Schreibmaschinen, »Erinnerungen in jeder Größe und mancher Haarfarbe«, Ordner, Hüte, die Dauerwurst in der Speisekammer, doch seine schlimmsten Tage kamen noch. Im Feuersturm der Nacht vom 13. auf den 14. Februar 1945 wurde das Dresden seiner Kindheit durch einen verheerenden Bomberangriff unwiederbringlich zerstört. Zehn Tage blieb Kästner verzweifelt ohne Nachricht, bis ihn zwei Briefe und zwei Postkarten von seinen Eltern schmutzig und zerknittert erreichten. Sie lebten, und zehn weitere Wochen später kam das Kriegsende, das Kästner in Mayrhofen im Zillertal feierte. Freunde drehten dort einen neuen Film, der nur einen Zweck hatte: raus aus dem Bombenhagel von Berlin, überleben. Sie schmuggelten ihn mit gefälschten Papieren als Drehbuchautor ein. Sein letztes »Fünferlei« hatte er bei sich. Eine Aktenmappe voll beschriebener Seiten, einen Handkoffer, einen Rucksack, eine Reiseschreibmaschine, einen gerollten Regenschirm.

1945 bis 1974: Noch einmal Ruhm. Nach 1945 trat die junge Schriftstellergeneration derer an, die in der Weimarer Republik geboren waren und zumeist als Frontsoldaten den Krieg erleben mussten, doch auch Autoren wie Thomas Mann, Hermann Hesse, Marieluise Fleißer oder Robert Musil, die vor dem Dritten Reich erfolgreich gewesen waren, schrieben weiter oder versuchten es zumindest. Und so auch Erich Kästner. Mit abgerissenen Knickerbockern, geliehenen Schuhen und seinem letzten sauberen Taschentuch stand er in München. Bald erhielt er die ersten Schreibangebote und wurde Leiter des Kulturressorts bei der *Neuen Zeitung*.

Die Vorwürfe, dass er in Deutschland geblieben war, wies er wütend, trotzig, gekränkt zurück. Seine Bücher waren verbrannt worden, dazu das Schreibverbot: Er sah sich als Opfer, und über die Jahre schneiderte er sich selbst eine weiße Weste zurecht. Seine Arbeit im Dritten Reich verschwieg er. Viele der Rückkehrer aber warfen den Daheimgebliebenen vor, dass keiner Hitlerdeutschland überlebt hätte, ohne sich schuldig zu machen. Besonders die, die mit ihren Büchern, ihrer Musik, ihren Filmen in Deutschland für Ablenkung vom Krieg gesorgt hatten, gerieten ins Kreuzfeuer. Auch Erich Kästner, der keinen einzigen Schuldvorwurf anerkannte, zumindest öffentlich. Er sei nur Zuschauer gewesen. Das wahre Ausmaß seiner Arbeit in Nazideutschland hielt er unter dem Deckel. Insgeheim aber wusste Kästner um seine stillschweigende Beteiligung an den Grauen der Nazizeit, und er zog die Lehre daraus.

Seiner Beliebtheit schadeten die Vorwürfe nicht. Er schrieb Szenen für das Kabarett, Reden, Artikel, Vorträge, und drei Jahre nach dem Krieg gab er *Kurz und bündig* heraus, eine Sammlung von Epigrammen, einst

Inschriften auf Weihegeschenken oder Grabmälern, und seine kurzen Sätze trafen genau den Punkt. Eine Kunst, die Kästner beherrschte. »Es gibt nichts Gutes | außer: Man tut es« wurde zum geflügelten Wort. Nach Dresden schickte er Päckchen mit Ölsardinen und Kartoffeln. Seine neuen Kinderbücher erschienen: *Das doppelte Lottchen* und *Die Konferenz der Tiere*, bei der Löwe, Elefant und Giraffe für das Recht der Kinder auf Frieden und Menschlichkeit streiten. Weil die Staatsmänner endlos ergebnislos zusammensitzen, berufen die Tiere selbst eine Versammlung ein und verlangen nie wieder Krieg, nie wieder Not. Die Politiker gehen über die Forderungen hinweg, also greifen die Tiere zur Notwehr. Mäuse zernagen die Akten der Tagungsteilnehmer, Motten zerfressen alle Uniformen der Welt. Doch erst als die Kinder verschwunden sind, lenken die Erwachsenen ein und unterzeichnen endlich einen immergültigen Friedensvertrag.

Kästner mischte sich wieder ein, und diesmal noch kräftiger, noch harscher, noch tatkräftiger als vor 1933. Er hatte dazugelernt. Widerstand ist immer nötig. Gleich Heinrich Böll stritt Kästner gegen die Wiederaufrüstung Deutschlands und setzte seinen Namen neben den von Ingeborg Bachmann oder Martin Walser unter den Aufruf »Kampf dem Atomtod«, um die Bewaffnung der Bundeswehr mit Atomraketen zu verhindern. Er beteiligte sich an Mahnwachen und Friedensmärschen, schrieb gegen den Vietnamkrieg an und verurteilte die Verjährung von Naziverbrechen. Als er erfuhr, dass eine christliche Jugendgruppe unter Absingen frommer Lieder nicht nur billige Groschenhefte verbrannte, die ihnen zuwider waren, sondern auch Werke der Weltliteratur, darunter einmal mehr auch seine, war er erschrocken. Wirklich entsetzt aber war er, als er mitbekam, dass die Polizei die Verbrennung genehmigt hatte und der Bürgermeister das Ganze als dummen Jungenstreich abtat.

Der Erfolg blieb Kästner treu bis zum Schluss, viele seiner Bücher wurden verfilmt, für eine Widmung von ihm standen sich die Leser vor den Buchläden die Beine in den Bauch. Kästner wurde mit Ehrungen und Preisen überhäuft, doch richtig Großes gelang ihm nicht mehr. Er war gefragt und fühlte sich dennoch einsam. Er wurde lungenkrank, und da der Kettenraucher auch zu viel trank, nutzten die Kuren nichts, schon weil er einen Kellner dazu überredete, ihm den Whisky in einem Teeglas zu bringen, seinen Flachmann aufzufüllen oder einen Kasten Bier in seinem Zimmer zu verstecken.

An seinem fünfundsiebzigsten Geburtstag litt Erich Kästner an Schluckbeschwerden, er fühlte sich matt. Speiseröhrenkrebs. Eine Behandlung lehnte er ab. Erich Kästner starb am 29. Juli 1974, und im gleichen Jahr starb auch Marieluise Fleißer, deren Lebensgeschichte zeigt, wie schwer es war, nach dem Zweiten Weltkrieg wieder Tritt zu fassen. Erich Kästner war nach dem Krieg noch sehr viel Gutes gelungen. Ihr nicht.

ES IST NICHT FEIN,
EIN MÄDCHEN TOTZUSCHLAGEN
Marieluise Fleißer

Elfriede Jelinek, die in Marieluise Fleißer die bedeu-
tendste Schriftstellerin des vergangenen Jahrhunderts
sah, nannte sie wichtiger als Bertolt Brecht. Und Rainer Werner Fassbinder sagte, er hätte ohne sie nicht zu
schreiben begonnen: Marieluise Fleißer. Ein Fleißer-
Kenner: »Fleißer hat Menschen gezeigt, die irren,
Fehler begehen, Kommilitonen demütigen, Frauen
unterdrücken, Opfer suchen und martern, einander
zerfleischen und vor allem vorführen, wie sie sich dabei selbst zerstören. Und das zeigt Fleißer, ohne dass
uns vor diesen Gestalten graust, ohne dass wir sie ver-

achten, weil wir ja sehen, dass diese kleinen gemeinen Alltagshenker selbst Opfer sind.« Marieluise Fleißer, eigentlich Luise Marie, gestorben 1974, geboren 1901 in Ingolstadt, wo sie die meisten ihrer Jahre lebte. »Vogel friß oder stirb« schmierte sie zuletzt noch auf einen Zettel. Eine Wahl, die sie kannte.

Ihr Vater mochte das Leben. Er kleidete sich gut und schwärmte für den irischen Schriftsteller und Lebemann Oscar Wilde. Streng war er dennoch. Nachdem sie als Backfisch einem alternden Schauspieler ein Stelldichein angeboten hatte, verprügelte er sie und sperrte sie ein. Die Bühne war schon früh ihre Leidenschaft. Puppentheater spielte sie aus dem Stegreif. »Ich habe dafür gegen einen Pfennig Eintritt die Kinder der Kupferstraße eingeladen und hatte immer soviel Kinder bei meinen Vorstellungen, dass ich sie kaum auf den Stühlen unterbringen konnte.« Ingolstadt: Streng, untertänig, miefig, modrig. Ingolstadt war Bürgerstadt. Wer abwich, wurde ausgeschlossen. Die Schanzen des Festungsgürtels: Ingolstadt war Soldatenstadt. Das Handwerk lebte von ihnen. Kaisers Herrlichkeit. Das Reich. Helm ab zum Gebet. Die Kirche gab ihren Segen dazu. Die schliff meist auch die Kinder.

Auch Marieluise Fleißer. »Aufnahmeprüfung noch im Frieden. Beim Schulbeginn ist schon Krieg.« Erster Weltkrieg als schonungsloser Grabenkrieg, mit Giftgas und Seuchen. Dem Krieg folgte die Weimarer Republik. Links gegen rechts. Selbst in Ingolstadt wurde geschossen. Das Kaiserhaus der Hohenzollern war

am Ende, das bayerische Königshaus der Wittels-
bacher hatte abgedankt. In München übernahmen die
Arbeiterräte die Macht, und dort schrieb sich Marieluise Fleißer an der Universität ein. Sie war eine der
wenigen Mädchen, denen das gestattet wurde. Entgegen dem Willen des ahnungslosen Vaters, der sie als
Lehrerin sehen wollte, belegte sie Theaterwissen-
schaft. Weil das Geld fehlte, hungerte sie sich durch
bis zum Umfallen. Der Schriftsteller Lion Feuchtwanger wurde ihre Rettung. Sie war ihm als die Frau
mit dem schönsten Busen Mitteleuropas vorgestellt
worden. Er schickte ihr Essen. Da er verwarf, was sie
bis dahin geschrieben hatte, verbrannte sie alles im
Zorn. Feuchtwanger aber trieb sie an. Er taufte sie
Marieluise. *Meine Zwillingsschwester Olga* erschien.
Die hatte er ihr einzig durchgehen lassen.

Dann der erste Lebenseinschnitt: Die Fleißer sah
Bertolt Brechts Theaterstück *Im Dickicht der Städte*.
Sein Stück *Trommeln in der Nacht* kannte sie bereits,
und Feuchtwanger gab ihr den *Baal* zu lesen. Er war
von Brechts »epischem Theater« begeistert, denn anders als das bisherige Theater gaben Brechts Stücke
nicht mehr insgeheim Handlungsanweisungen, wie
Mensch und Gesellschaft besser zu machen seien. Die
Moral von der Geschicht' ist nicht mehr vorgegeben.
Bertolt Brechts Stücke liefern keine Antworten, sie
stellen Fragen. Die Betrachter müssen selbst denken,
sie leiden nicht mehr mit, sie betrachten das Bühnen-
geschehen sachlich nüchtern, mit Abstand. Bei Feuchtwanger lernte Marieluise Fleißer Brecht kennen. Ein

wenig überheblich, ein wenig großmäulig, Boxfan und Frauenheld, und doch einer, der dem Theater des zwanzigsten Jahrhunderts seinen Stempel aufdrückte. Gespannt auf Brecht war sie schon lange. Erst bewunderte sie ihn nur, dann wurde es mehr. Nichts anderes kümmerte sie noch. »Sie nahm ihm seinen täglichen Kram ab.« Der Vater zwang sie dafür nach Ingolstadt zurück. Er konnte sich ihr Bummeln nicht leisten. Sie führte ihm den Haushalt. Kochen, waschen, die Stiegen wischen, die Fenster putzen. Die Erzählungen *Abenteuer aus dem Englischen Garten*, *Der Apfel*, *Stunde der Magd* entstanden nur noch nebenbei. Anfangs schrieb sie, wie Brecht schrieb, bis sie ihren eigenen Stil fand. Die Sprache: hart, nüchtern, klarsichtig, beklemmend, grausam. Ihre Figuren: Opfer und Täter zugleich, wie Roelle in ihrem Stück *Fegefeuer in Ingolstadt*. Roelle, der einem Hund mit Stecknadeln die Augen aussticht und der Olga nachsteigt. Sie erwartet ein uneheliches Kind von einem andern. Olga will abtreiben, Roelle erpresst sie damit. Beide sind beinah selbst noch Kinder. Sie findet Roelle eklig, verweigert sich. Er setzt ihr das Messer an den Hals, will sie mit Gewalt nehmen. Roelle selbst wird von anderen Jungen gequält, verhöhnt, gesteinigt. Zwanghaft gläubig, dem Wahnsinn nah, zernagen ihn seine Sünden.

Fegefeuer in Ingolstadt war ihr erstes Stück. Als einem jungen Schauspieler die ihm darin versprochene Rolle entzogen wurde, schoss er sich in die Lunge, weil er nicht darin mitspielen durfte. Damit sie ihr

Stück in Berlin sehen konnte, wurden ihr fünfzig Mark geschickt, und sie reiste. Bubikopf und Zigarettenspitze – das Berlin der goldenen zwanziger Jahre. Raus aus ihrem Kaff, hinein in den Trubel. Jetzt gehörte sie dazu. Sie tauchte ein. Nach der Uraufführung überschlug sich die Presse: Marielusie Fleißer, die kostbare Abschreiberin kleinmenschlicher Raubtierschaft, begnadet zu sagen, nicht, was sie als Autorin leidet, sondern was armselige, gehemmte, junge Wesen leiden. Sie konnte mit einem Mal vom Schreiben leben. Von Ingolstadt zog sie nach Berlin, von Berlin, das ihr nicht lag, nach München. Sie wohnte beim Isartor. Schräg über den Hof wohnte der berühmte Komiker Karl Valentin. Dann wieder Ingolstadt, dann wieder Berlin, und dann der Skandal: Ihr *Pioniere in Ingolstadt* wurde gespielt. Brecht hatte sie zu dem Stück aufgestachelt, das er bearbeitete, bis eine scharfe Anklage des »hochverehrten« Soldatenstandes aus ihm wurde: Pioniere kommen nach Ingolstadt, um einen Brückensteg über ein Altwasser zu schlagen. Die Soldaten benehmen sich wenig ehrenvoll. Saufen wollen sie und Weiber haben. Wer ihnen nicht passt, wird schikaniert. Dumpfgeile Männer. Gewalttätig, roh. Und die braven Ingolstädter Töchter sind kaum besser. Eine Jungfer will bestiegen werden, die nächste wird dafür bezahlt, sie treiben's mächtig.

Die Linken klatschten, die Rechten zischelten, Brecht feixte, Fleißer hatte den Ärger. Scharfe Ablehnung auch in Ingolstadt, der Soldatenstadt, gegen das »gemeine Machwerk, das Schmäh- und Schandstück«. Der Vater gab ihr Hausverbot. Bloß: Keiner aus Ingolstadt hatte das Stück gesehen. Sie wehrte sich mit einem offenen Brief. »Aus Ingolstadt schrieb man mir sogar, dass man mich dort totschlagen würde. Seid doch nicht so derb, liebe Leute. Da hätte ich ja, wenn es nach euch ginge, in meinem Stück ganz anders derb sein müssen, um den volkstümlichen Ton zu treffen, mir macht das Kummer. Es ist nicht fein, wenn man ein Mädchen totschlägt.« Die Fleißerin – eine »Nestbeschmutzerin« auch sie. Das haftete ihr an. »Ein halbes Leben habe ich gegen die Schatten dieser Aufführung gekämpft.« Nach Hause konnte sie vorerst nicht mehr, und mitten im Wirbel um *Pioniere in Ingolstadt* heiratete Bert Brecht eine andere. Die Fleißer war für ihn kaum mehr als eine seiner vielen Frauenbekanntschaften. Weder in seinen Erinnerungen noch in seinen Tagebüchern hat er sie erwähnt. Er hat sie benutzt, und sie hat sich liebesblind benutzen lassen. Sie sollte ihm zuliefern, bei ihm mitschreiben, mehr nicht. »Brecht suchte mich zu formen nach seinem persönlichen Plan. Das lief darauf hinaus, dass er mir mein Eigenes nahm und mich umschmelzen wollte. Sein brauchbares Werkzeug sollte ich werden.« Das machte sie nicht mit. Sie sagte sich von ihm los. Fremd geworden waren sie sich längst. Verwunden aber hat sie die Trennung nie.

Die Fleißer und die Männer: Gegen ihren ersten, ein Schriftsteller, zwielichtiger Abenteurer und Schieber, war ermittelt worden, ehe er verschwand, von ihrem zweiten, gleichfalls gescheiterter Schreiber und ichsüchtiger Blender, wurde sie ausgenommen. Dazu Bert Brecht und Lion Feuchtwanger. Ungewöhnliches zog sie an. Mit einem in Ingolstadt berühmten Schwimmer verlobte sie sich, wenn auch mehr aus Trotz gegen Brecht. Während Ingolstadt gegen die *Pioniere* hetzte, stand ihr Verlobter zu ihr, verteidigte sie. Dennoch wollte sie ihn loswerden. Die Abfuhr verkraftete er nicht. Nach Berlin gekommen, bedrohte er sie mit einem Messer. Sie schlief mit ihm. Als er fortgereist war, schickte sie ihm seinen Ring hinterher. Der Nächste nahm sie wieder aus. Sie war hingerissen, er benutzte sie. Was sie hatte, verschwendete er, bis sie ihn nicht mehr ertrug. »Ihre Nerven sind völlig aufgerieben. Missglückter Selbstmordversuch aus Panik.« Rückkehr nach Ingolstadt 1932.

Der zweite Lebenseinschnitt: Sie war in Ingolstadt gestrandet. »Dort wird sie von der nazistischen Bevölkerung zurückgestoßen, ganz allgemein gemieden, in Einzelfällen aus Lokalen gewiesen, wenn sie mit dem früheren Verlobten hingeht. Es besteht ernste Gefahr für sie.« Hitler hatte die Macht übernommen. Einfach wieder weggehen konnte sie nicht, ihr fehlte das Geld. Blicke wurden ihr nachgeworfen. Schurigeln, maulen, schmähen. »Hier gibt es viele Hitler.« Was sie schrieb, wurde abgelehnt. Sie bekam Schreibverbot. »Ins Lager« aber kam sie nicht. Sich bedingungslos auf Hitlers Seite zu schlagen wäre ein Ausweg gewesen, doch das war ihr unmöglich. Sie ekelte das Nazigetue. Marieluise Fleißer sah daher keinen Fluchtweg, außer den in Ingolstadt angesehenen, einstigen Verlobten zu heiraten. Die Fleißer: »In einer Beziehung hat die Heirat geholfen, die Bedrohung durch die Bevölkerung läßt für ein paar Jahre nach.« Entgegen seinem Versprechen, ihr genug Zeit für das Schreiben zu lassen, musste sie Tag für Tag in seinem Tabakladen schuften.

Der Alltag verrann ihr zwischen Putzen und Verkaufen. Sie bediente die Kunden, führte die Bücher. »Drei Stunden Schlaf auf die lange Dauer waren für mich zu wenig. Ich konnte nicht heraus aus der Pflicht. Die Doppelbelastung rieb mich auf, der Kampf mit dem Verschleiß, weil Socken, Strümpfe, Wäsche nicht ersetzt werden konnten. Die Wohnung war zeitraubend und nicht eben praktisch, es hing alles an mir.« Der Zusammenbruch kam kurz vor dem Krieg. Sie litt unter Wahnvorstellungen und begab sich freiwillig in eine Anstalt, bis sie sich gefangen hatte. »Der Ehemann hatte gehofft, dass sie ins Geschäft zurückkehren würde, sie weigert sich standhaft. Jetzt wendet er sich gegen sie, sucht sie daheim mit Arbeit völlig zuzudecken, damit sie nicht schreiben kann. ›Schreiben, das kannst du ja in der Nacht machen.‹ Das Zusammenleben wird schwierig.«

Dann der dritte Einschnitt: der Zweite Weltkrieg. Zwangsarbeit für die Fleißer. Die Nazis hatten sie im Auge. »Infolge der Hetze, der Überlastung – nach der Fabrikarbeit Schlangestehn vor den Geschäften, der Arbeitstag daheim fängt erst an und dauert bis Mitternacht, dann Bombenalarm und Luftschutzkeller, zu wenig Schlaf – treten wieder nervöse Störungen auf.« Schreiben, für das sie sich die Stunden zusammenkratzte, schaffte sie kaum noch. Ihr Stück *Der starke Stamm* blieb zunächst stecken. Als sie den Entwurf fertig hatte, war der Krieg vorbei, doch nicht die Schinderei. Weil sie wegen Schwarzhandels verhaftet worden war, wurden alle Tabakwaren beschlagnahmt. Der Gatte tobte. Immer wieder dachte sie an Scheidung. Eine Bombe hatte das Haus getroffen, in dem sie den Krieg über gewohnt hatte. Ein Jahr lang waren sie ohne Dach. Ihre Möbel, die auf der Straße standen, wurden geplündert. Sie lebten vom Gemüse, das im Garten wuchs.

Sie versuchte zu schreiben, doch sie konnte nicht. Der letzte Einschnitt war zu lang, zu tief. Sie fühlte sich abgeschnitten vom Leben. Erst vier Jahre nach Kriegsende gelangen der Fleißer wieder Erzählungen, und doch glaubte sie, sie wäre besser im Krieg umgekommen. »Ich war verloren auf dieser Welt.« Dann ein Wiedersehen mit Brecht. Er half ihr, setzte sich für sie ein. 1950: *Der starke Stamm* wurde gegeben. Nachgespielt wurde er nicht. Er kam nicht an. Zu sehr hatte sie ihn der Ingolstädter Mundart, dem Schanzerischen, nachempfunden. Mundart galt als Überbleibsel der nationalsozialistischen Blut-und-Boden-Ideologie. »Ich war aus dem lebendigen Schreiben heraus. Es ließ sich nicht zwingen. Ein Elefant lag auf mir und bannte mich fest.« In Ingolstadt, das sie weder verlassen konnte noch verlassen wollte, wurde sie noch immer gemieden. Trümmerliteratur, Kahlschlaggedichte, Kurzgeschichten – für die Fleißer war das meilenweit

weg. Die Welt der Kunst war anderswo. Ganz über-
sehen wurde sie dennoch nicht. Gewinnerin eines
Erzählwettbewerbs, ein Literaturpreis, doch was sie
noch schrieb, fand kaum Leser. Den Bürgern war die
Künstlerin fremd, den Künstlern die Hausfrau. Um
überhaupt schreiben zu können, mietete sie ein Zimmer, das sie selbst bezahlte. Sie hatte sich mit ihrem
Mann geeinigt, vormittags für ihn, nachmittags für
sich zu arbeiten. Das Geld dafür verdiente sie, indem
sie Hörspiele gegenlas. Nach einem Jahr kamen keine
Aufträge mehr. Sie musste das Zimmer wieder räumen.
»Mein Gott, wie habe ich es satt!« Eigenes zu schaffen hatte sie fast aufgegeben.

Marieluise Fleißer war verarmt. Das Tabakgeschäft
befand sich in Schieflage. Ein Teilhaber hatte sie betrogen. Zu retten, was zu retten war, stand Marieluise
Fleißer im Laden wie gehabt. Von morgens Viertel vor
acht bis abends um sieben. Danach die Hausarbeit und
die Rechnungsbücher bis nachts um zwei. Jahrelang.
Sie arbeitete sich auf. Als ihr Mann 1958 starb, ver-
sagte ihr kurz darauf das Herz. Nur mit Mühe blieb
sie am Leben. »Sie braucht das ganze Jahr dazu, um
das Geschäft zu verkaufen und abzuwickeln, die noch
laufenden Warenschulden zu bezahlen, Außenstände
einzuholen, soweit sie sich überhaupt einbringen lassen. Sie ist wieder frei.« Frei, um zu schreiben. Über
den Krieg in *Der Rauch*, über ihren Anstaltsaufenthalt
in *Die im Dunkeln*. Doch nur wenig mehr geriet ihr.
Sie entwarf viel, meistens aber brach sie ab. »Ich bin
mir schmerzhaft bewusst, dass ich nur Trümmer geben

kann, weil mir mein eigentliches Leben nun eben zertrümmert wurde.« Stattdessen arbeitete sie ihre Geschichten, ihre Stücke immer wieder um. Über sich, über Ingolstadt, schwieg sie sich aus, auch darüber, dass sie aus ihrer Wohnung hinausgeekelt wurde. »Was ich leben musste, ich würde es am liebsten vergraben.«

Und dann doch noch einmal Glück. *Der starke Stamm* wurde wieder gespielt. Diesmal, 1966, das richtige Stück zur richtigen Zeit. Sattlermeister Bitterwolfs Frau ist gestorben. Balbina, ihre Schwester, will ihn haben. Die Magd Annerl aber lässt sich von ihm schwängern, um ihn zu kriegen, denn er hat Geld. Hubert, sein Sohn, wäre ihr lieber, doch der hat keins. Der will nur Bilder malen. Drohungen, Versprechungen, Andeutungen, Schmeicheleien. Jeder gegen jeden. Der Muff, das Ersticken am eigenen Unglück, der finstere Stumpfsinn, die beiläufige Gewalt, die Lust zu unterdrücken, die alle vernichtende Habgier: ein wahres Volksstück. Komödie als Tragödie. Die Zeit der »schwarzen Heimatstücke« war gekommen, die Mundart nicht mehr verleugneten, sondern sie nutzten, um die menschliche Gnadenlosigkeit näher an der Wirklichkeit zu zeigen. »Ich schreibe für jene, die entschlossen sind, zu erkennen. Ich schreibe für jene, die sich nichts vormachen lassen.« *Der starke Stamm*: über hundert Aufführungen. Die unerwartete Wiederkehr der Marieluise Fleißer, auch ihrer *Pioniere in Ingolstadt*.

Rainer Werner Fassbinder nahm sich das Stück vor. Ungefragt und stark bearbeitet und ohne ihr Wissen.

Sie war entsetzt. Als sie ihm das verbieten lassen wollte, wurde sie kurzerhand zu ihm geschafft, um sie zu überzeugen. Ein Erfolg für beide. Nach der Aufführung wurde sie überall gespielt. Fassbinder, der ihr seine *Katzelmacher* widmete, trieb die Rückkehr ihrer Stücke auf die Bühnen voran. Die Fleißer wurde zum Vorbild. Ähnlich wie sie zeigten Martin Sperr mit *Jagdszenen aus Niederbayern* oder Franz Xaver Kroetz mit *Heimarbeit* eine überhaupt nicht heile Provinzwelt. Da wird totgeschlagen, da wird sich erhängt, gelogen, betrogen. Volksstücke ganz anders. Kein Platz für Heidi und den Geißenpeter. *Heimarbeit* musste unter Polizeischutz aufgeführt werden, und nachdem Fassbinders *Pioniere in Ingolstadt* gezeigt worden war, wurde die Fleißer in Ingolstadt wieder beschimpft. »Das Stück spielte Schicksal in meinem Leben.« Vergessen war der Kunstförderpreis der Stadt, den sie erhalten hatte. Sie wurde geduldet, gewollt wurde sie nie. Ging sie durch die Stadt, sah sie auf den Boden. Das aber wurde für hochnäsig gehalten. Von den Alten wenigstens, die sie scheel anschauten. Die Jungen mochten sie. Mit ihnen war sie gern zusammen. Nach Theaterabenden saß sie mit ihnen an einem langen Tisch. Sie an der Stirnseite.

Marieluise Fleißer – abgestempelt, ausgegrenzt, beinahe ihr ganzes Ingolstädter Leben lang. Und warum? Weil sie beschrieb, was sie sah: die Grausamkeit der Menschen, die im Handumdrehen ihre Opfer vernichten, um selbst ein gutes Leben zu haben. Ingolstadt ist überall.

DER VATER EINES MÖRDERS
Alfred Andersch

Was können wir dafür, sagen die Andorraner in Max Frischs Theaterstück *Andorra* nach der »Judenschau«, und genau dies Schulterzucken, das Wegsehen, das Unschuldsgehabe brachte die auf die Palme, die unter der Naziherrschaft versucht hatten, redlich zu bleiben wie Marieluise Fleißer. Die unbequem bohrenden Fragen nach der Mitschuld an der Hitlerherrschaft, die einem Erich Kästner gestellt worden waren, verstummten jahrzehntelang nicht, weil sie nur ungenügend beantwortet wurden. Und noch 1980 löste ein Buch heftige Anfeindung aus: *Der Vater eines Mör-*

ders. Eine Schulgeschichte. Autor: Alfred Andersch. Geschrieben in seinem Todesjahr.

»Anderschens Märchen«, der »(Ruf-)mord an einem Vater«: Andersch schildert in *Der Vater eines Mörders* eine Unterrichtsstunde des Schülers Franz Kien. Noch bevor der Klassenlehrer seine Stunde beginnen kann, betritt der Schuldirektor das Klassenzimmer. Obwohl er erklärt, der Lehrer solle sich nicht stören lassen, übernimmt »Rex« gleich das Kommando. Der eingeschüchterte Lehrer bittet den Klassenbesten an die Tafel. Doch der Rektor weiß erstaunlich gut über die Schüler und deren Kenntnisse Bescheid. Er lässt sich nicht täuschen. Als Nächster wird Konrad von Greif aufgerufen, den der Direktor piesackt, der aber lässt sich nicht verunsichern und gibt ihm deftig zurück. Weil der Adlige den bürgerlichen Direktor demütigt, wird Greif der Schule verwiesen. Dann muss Franz Kien an die Tafel. Er ist nicht vorbereitet, der Unterricht der vergangenen Wochen ging an ihm vorbei. Der Direktor rächt seine Schmach an ihm. Er stellt ihn kaltschnäuzig vor der Klasse bloß, zwingt Kien zuzugeben, dass er faul ist, und er erniedrigt ihn weiter. Er droht ihm, den Schulgelderlass zu entziehen, und offenbart damit die Armut Kiens vor aller Augen.

Der Vater eines Mörders: Die Schulgeschichte ist nicht einfach nur gut erfunden. Alfred Andersch, der sich hinter Franz Kien verbirgt, hat sie aus eigenen Schulerlebnissen gebaut. Er selbst musste, faul wie sein Franz Kien, in der Mittelstufe die Schule wegen schlechter Noten verlassen. An der war er auf den

Vater eines Mörders getroffen. Latein, Englisch, Mathematik: Fünf. Name der wirklichen Schule: Wittelsbacher-Gymnasium München. Name des Direktors: Joseph Gebhard Himmler, der Vater Heinrich Himmlers, Reichsführer SS, Hauptverantwortlicher für die »Endlösung der Judenfrage« im Dritten Reich. Glatt gelogen, hielt ein einstiger Klassenkamerad Alfred Andersch entgegen. Himmlers Vater sei keineswegs ein »Pädago-Sadist«, im Gegenteil, die Himmlers seien »hochanständig« gewesen, eine »völlig normale« Familie, bis auf Heinrich Himmler natürlich, »das schwarze Schaf«. Doch ausgerechnet die Großnichte des SS-Führers, Katrin Himmler, kratzte an dem auch in der eigenen Familie gepflegten Bild der »unpolitischen« Himmlers, die Hitlers Ansichten sehr wohl geteilt hatten und mit Hitlerdeutschland tief verstrickt gewesen waren. So oder so: Ebenso wie *Andorra* gilt *Der Vater eines Mörders* nicht umsonst als Schulpflichtlektüre, genauso wie Alfred Anderschs Buch *Sansibar oder der letzte Grund*.

Die Welt der Bücher ist groß, die der Schreiber oft klein. Alfred Andersch, der seine deutsche Staatsangehörigkeit aus Protest gegen die gesellschaftliche, kulturelle und politische Entwicklung der Bundesrepublik zurückgab, hatte als Schweizer Staatsbürger Max Frisch zum Nachbarn, und nach dem Zweiten Weltkrieg war ihm von Erich Kästner eine Anstellung verschafft worden. Andersch wurde Kästners Assistent bei der *Neuen Zeitung*, doch während sich Erich Kästner im Dritten Reich blaue Flecken geholt hatte, war der 1914 geborene Alfred Andersch nicht ganz so glimpflich davongekommen. Er war Mitglied der Kommunistischen Partei Deutschlands, KPD, geworden, um jugendlich revolutionsbegeistert für Menschenliebe und Befreiung von Unterdrückung einzutreten. Ganz anders sein Vater, der bereits in ihrem Gründungsjahr der Nationalsozialistischen Deutschen Arbeiterpartei, NSDAP, beigetreten war. Er starb früh an den Verletzungen, die er im Ersten Weltkrieg davongetragen hatte. Bei seiner Beerdigung lagen seine Orden, Kavalleriesäbel und Revolver auf dem Sarg.

In der Verhaftungswelle nach der Machtübernahme 1933 wurde Alfred Andersch trotz des NS-Vaters ins Konzentrationslager Dachau gesperrt, freigelassen, abermals verhaftet und verhört. Danach tauchte er ab. Alfred Andersch verhielt sich ruhig. Im Zweiten Weltkrieg wurde er erst zur Wehrmacht eingezogen, dann bald wieder entlassen. Er hatte eine »Halbjüdin« geheiratet. Dem Gerücht nach hatte Andersch selbst den Verstoß gegen die »Nürnberger Rassengesetze« angezeigt, die »Mischehen« untersagten, um damit dem Kriegsdienst zu entkommen. Doch umsonst, denn je länger der Krieg dauerte, desto mehr Soldaten wurden eingezogen, egal ob zu alt oder zu jung. Und so auch Andersch, der bei seinem Italieneinsatz zu den Amerikanern überlief, die ihn trotz Fahnenflucht in die Kriegsgefangenschaft nach Amerika verfrachteten. Um die Gefangenschaft abzukürzen, führte er erfolgreich das Wagnis seiner Ehe an. Rückkehr nach

Deutschland bereits 1945. Im Jahr darauf die Anstellung bei Erich Kästner.

Andersch blieb nicht lange bei Kästner. Er wechselte zum Rundfunk, in Vor-Fernsehzeiten das fortschrittlichste Medium schlechthin, das noch dazu weit verbreitet war. Hitlers »Volksempfänger«, die Siegesmeldungen, Durchhalteparolen und Nazipropaganda unters Volk gebracht hatten, standen in den deutschen Haushalten. Für die deutschsprachige Buchlandschaft ein entscheidender Wechsel, denn das Radio übertrug von Alfred Andersch geleitete Buch-Sendungen, mit denen er Schriftstellern einen Weg in die breite Öffentlichkeit ebnete und ihnen ein Einkommen ermöglichte. Und auch dies gehört zur neuen deutschsprachigen Literaturlandschaft: die Hörspiele, die Aushängeschilder des Hörfunks. Wolfgang Borcherts in nur einer Woche geschriebenes *Draußen vor der Tür*, das am Tag nach seinem Tod auch als Bühnenstück die Geschichte des Kriegsheimkehrers Beckmann schilderte, Günter Eichs *Träume*, Fred von Hoerschelmanns *Das Schiff Esperanza* oder Ingeborg Bachmanns *Der gute Gott von Manhattan* erregten Aufsehen, wenn auch nicht ganz so viel wie der in New York gesendete *Krieg der Welten* von H. G. Wells, in dem Raumschiffe vom Mars die Erde angreifen. Anrufe besorgter Hörer gingen während der Sendung ein, die wissen wollten, wie sie sich gegen die Marsianer schützen könnten. Von Massenpanik war die Rede.

Verzerrungen, Geräusche, verteilte Sprechstimmen, eigens geschriebene Musik: Hörspiele wurden zur wahren *Zauberei auf dem Sender*, so der Titel des ersten Hörspiels in Deutschland 1924. Science-Fiction, Krimis, Romane aus aller Welt wurden in Hörspiele umgegossen. Wie Theater oder Film entwickelten sie sich zur eigenständigen Kunstgattung, die als »Radiokunst« alle Register zog. Der Niedergang der Hörspiele aber war in Westdeutschland klammheimlich bereits am 25. Dezember 1952 und wenige Tage zuvor in Ostdeutschland eingeläutet worden. Das Fernsehen ging auf Sendung. Zahl der »Flimmerkästen« im Westen: 300. Im Osten: 60. Schon fünf Jahre später wurde die Zuschauer-Millionengrenze geknackt. Schritt für Schritt verlor das Kulturradio an Bedeutung, mit dem Alfred Andersch Schriftstellern unter die Arme griff. Doch auch außerhalb der Sendungen unterstützte er Schreibneulinge, wie sein Einsatz für die »Gruppe 47« zeigt.

Unzufrieden bei Erich Kästner, hatte Andersch zusammen mit Hans Werner Richter eine eigene Zeitschrift gegründet, doch weil die beiden im heraufziehenden Kalten Krieg nicht eindeutig genug für die westlichen Besatzer eintraten, zu weit »links« standen, wurde ihnen die Herausgeberschaft entzogen. Ihr Pech war für die Entwicklung der deutschen Nachkriegsliteratur ein Glück: Beider Anlauf, eine weitere Zeitschrift zu gründen, die diesmal verstärkt Schriftstellern offenstehen sollte, wurde wiederum durch die Besatzungsmächte vereitelt, aber das Schriftstellertreffen, das 1947 zur Vorbereitung der Zeitschrift auf die Beine gestellt wurde, gilt als das erste der »Gruppe 47«.

Martin Walser, Günter Grass, Ilse Aichinger, Günter Eich, Peter Handke, Hans Magnus Enzensberger oder Peter Härtling – für viele, vor allem für junge Schriftsteller, wurde die »Gruppe 47« das Sprungbrett ihres Schreibens. In den gut zwanzig Jahren ihres Bestehens lasen bei den Gruppentreffen weit über zweihundert Schriftsteller aus ihren Werken, und die Liste der Tagungsteilnehmer ist voll mit allen, die zu Rang und Namen kamen. Darunter auch Siegfried Lenz. Dessen *Deutschstunde* und Anderschs Roman *Sansibar oder der letzte Grund*, der 1957 erschien, haben vieles gemeinsam. Schwerpunkte beider Bücher sind ein Junge und die Kunst und die Fragen nach Pflicht und Schuld, Verantwortung und Verrat im Dritten Reich.

Siggi Jepsen träumt in der *Deutschstunde*. Er ersehnt seine Freiheit, kann aber nicht weg. Er brummt in der Zelle einer Besserungsanstalt für Jugendliche, weil er nach einer Deutschstunde sein Aufsatzheft leer abgegeben hatte. Aufsatzthema: »Die Freuden der Pflicht«. Er hat nichts hingeschrieben, nicht weil er den Lehrer ärgern wollte, nicht weil er faul war oder weil ihm nichts einfiel, ganz im Gegenteil, ihm ist viel zu viel eingefallen, als dass er dies in einen schnöden Stundenaufsatz hätte schmelzen können. Der Strafanstaltsleiter aber hielt ihn für aufsässig, und deshalb wird Siggi Jepsen so lange in der Einzelzelle hocken, bis er den Aufsatz als Strafarbeit fertig hat. Also sitzt er und denkt nach, und er denkt an seinen Vater, der ihm beim Thema »Pflicht« als Erster in den Sinn kam. Siggi beginnt zu schreiben.

Nazizeit: Sein Vater, Dorfpolizist in der nördlichsten Polizeistation Deutschlands, überbringt seinem Jugendfreund, dem Maler Nansen, der ihm einst sogar das Leben rettete, das von den Nazis gegen ihn verhängte Malverbot. Seine Aufgabe: das Malverbot zu überwachen. Erst zögert er, dann aber setzt er das Verbot durch. Er tut seine Pflicht. Große Zweifel hat er nicht. Er spannt für die Überwachung auch Siggi Jepsen ein, damals zehn Jahre alt. Der aber freundet sich mit dem Maler an. Er wird dessen Vertrauter, versteckt die frischen Bilder. Und Siggi hat einen Bruder, Klaas. Der hält das Obrigkeitsdenken des Vaters und die Prinzipienreiterei der Mutter nicht mehr aus. Anders als die Mutter ist sein Vater kein Nazi. Ihn treibt allein sein Pflichtbewusstsein an. Umso schlimmer für ihn, dass sich Klaas selbst verstümmelt, um nicht zur Wehrmacht zu müssen. Er wird von den Eltern verstoßen. Nur mit Glück und mit der Hilfe des Malers Nansen überlebt er den Krieg. Und nach dem Krieg? Vater Jepsen hat immer noch keinerlei Zweifel. Er hat seine Pflicht getan, weiter nichts, und er beharrt auf seiner Überzeugung. Damit schlittert er in den Irrsinn: Er kann nicht mehr aufhören, Nansen zu verfolgen. Als er Bilder von ihm findet, steckt er sie in Brand. Wie der Vater so der Sohn. Siggi kann nicht aufhören, den Maler zu schützen, auch als der längst keinen Schutz mehr nötig hat. Seine Hilfe verkehrt sich zur Straftat. Er entfernt Nansens Bilder aus einer Ausstellung, um sie in Sicherheit zu bringen. Für den Diebstahl wird er zu einer Jugendstrafe verurteilt, die er in der Besserungsanstalt absitzt. In Einzelhaft schreibt er seine Erinnerungen auf. Weil er die Mammutarbeit tatsächlich zu ihrem Ende bringt, wird er wegen guter Führung vorzeitig entlassen. Was aus ihm wird? Siggi Jepsens Zukunft ist ungewiss, und ebenso ungewiss ist die Zukunft des Schiffsjungen aus *Sansibar oder der letzte Grund* von Alfred Andersch.

Wie Siggi Jepsen träumt sich auch der Schiffsjunge hinaus in die Welt. Weitere Personen: der Kommunist Gregor, die Jüdin Judith, Pfarrer Helander, der Fischer Knudsen. Sie alle treffen 1937 an der Ostseeküste aufeinander. So unterschiedlich ihre Weltanschauungen, ihr Alter, ihr Herkommen sind, eines eint sie: das von den Nazis als »entartet« eingestufte Kunstwerk des »lesenden Klosterschülers«, eine Holzplastik, die der Pfarrer vor der Zerstörung ins Ausland retten will. Der Plan geht auf. Judith, behütete Tochter aus gutem Haus, deren behinderte Mutter Selbstmord beging, um der Tochter die Flucht an die Ostseeküste zu ermöglichen, findet in Gregor einen Helfer. Gregor arbeitet im Untergrund gegen die Nazis, misstraut aber auch längst den hohlen Phrasen der eigenen kommunistischen Partei. Statt der großen Weltveränderung wählt er den unmittelbaren Widerstand. Er führt Judith zum Fischer Knudsen, dessen Boot sie nach Schweden bringt, denn Pfarrer Helander hat den widerwilligen Knudsen dazu gebracht, den »lesenden Klosterschüler« außer Landes zu schmuggeln.

Ganz Bürgerlicher, Weltkriegsveteran, rückwärtsgewandt deutschnational, flieht Helander selbst nicht.

Wie Gregor seine Partei, so hat auch er seine nichtssagende Amtskirche durchschaut. »Die Schande der Kirche war unermeßlich.« Er ist todkrank. Als die Nazis anrücken, ihn wegen der verschwundenen Figur zu verhaften, schießt er auf sie. Er wird hingerichtet. Judith aber ist in Freiheit, die Figur ist in Sicherheit, doch Gregor, Knudsen und der Schiffsjunge kehren zurück, trotz der Gefahr, der sie sich damit aussetzen. Die gelungene Rettung gibt Gregor den Mut, weiterzukämpfen, und Fischer Knudsen ist zu heimatverbunden, um sich aus dem Staub zu machen. Er will nicht weg, er will mit den Menschen auskommen, mit denen er im Dorf lebt. Und er ist stur. Ein Ergebnis davon ist die Treue zu seiner Frau. Sie ist geistig zurückgeblieben und damit unter den Nazis höchst bedroht, die »lebensunwerte« Menschen einfach umbrachten. Mord an geistig oder körperlich Behinderten wurde von ihnen niederträchtig »Euthanasie« genannt, grob übersetzt »der schöne, leichte, gute Tod«. Knudsen wird sie nicht im Stich lassen. Und der Schiffsjunge? Fünfzehn ist er, und er weiß genau, was er nicht will: so werden wie die Erwachsenen und schon gar nicht in seinem Kaff versauern. Für ihn ist die Schmuggelfahrt das reine Abenteuer. Er träumt sich nach Sansibar fort, lässt sich wie Huckleberry Finn auf dem Mississippi treiben, seinem Dorf aber kehrt er dennoch nicht den Rücken. Das gemeinsame Ziehen an einem Strang der unterschiedlichsten Menschen, die ein jeder auf seine Weise in Zeiten des Terrors standhalten, verändert jedoch auch ihn. Der unbeschwerte, kindliche Träumer reift zum Erwachsenen. Was wird aus ihm werden?

Siegfried Lenz und Alfred Andersch: ein Thema, zwei Autoren, die ihre Antworten auf die Fragen geben, die sich nach Drittem Reich, Judenvernichtung und Zweitem Weltkrieg stellten. Und was ist mit Siegfried Lenz' *Heimatmuseum*? *So zärtlich war Suleyken*? *Das Feuerschiff*? Leider keine Ahnung. Allseits leseempfohlen, liegen sie noch in meinem Buchstapel, eingeklemmt zwischen *Der Butt* oben und *Kopfgeburten* unten. Beide von Günter Grass. Lenz und Grass: eigentlich keine schlechte Nachbarschaft. Beide Soldat im Krieg, beide Pfeifenraucher, beide in der »Gruppe 47«, beide in Ostpreußen geboren. Lenz 1926, Grass 1927. Am Anfang der Literaturgeschichte zwischen Zweitem Weltkrieg und Mauerfall der Nobelpreis für Heinrich Bölls Romane, am Ende der Nobelpreis für die Romane des Günter Grass. Der Kreis schließt sich. Endspurt.

Doch zuvor noch ein Einschub, denn zur Buchgeschichte nach dem Zweiten Weltkrieg gehört auch das Ausprobieren neuer Sprach- und Schreibformen und der oft elende Versuch, von ihnen zu leben. Millionenauflagen sind selten, kleine Auflagen für knappes Geld die Regel. Schreibkunst und wenig Geld: Einer wie Arno Schmidt steht dafür, dem Alfred Andersch auf die Beine half. Dessen *Radio-Dialoge* nahm Andersch in sein Nachtprogramm, weil die Gespräche Leben und Werk verkannter oder vergessener Schriftsteller wieder ins Gedächtnis riefen, darunter Karl May und James Fenimore Cooper, dessen *Lederstrumpf* oder *Der letzte Mohikaner* geringschätzig als »Jugendbücher« abgetan wurden. Aber was heißt das schon »Jugendbuch«, »Kinderbuch« oder »Unterhaltungsliteratur«, die genauso abgetan werden, nur weil sie nicht als »hohe Kunst« daherkommen. Sind sie weniger wert? Wer das glaubt, der lese Otfried Preußlers *Krabat*, Michael Endes *Die unendliche Geschichte* oder die Bücher von Astrid Lindgren. J. R. R. Tolkiens *Herr der Ringe*, Joanne K. Rowlings Harry-Potter-Bände, *Der Schwarm* von Frank Schätzing, Josef Haslingers *Opernball* – die Freude am Lesen entscheidet, nichts sonst, denn wer mag darüber richten, was ein gutes Buch ist und welches nicht? Zwischen »Hochkunst« und »Unterhaltung« sind die Grenzen schon immer fließend. Und ehrlich: Was ist besser? Unterhaltung, die keine hohe Kunst ist, oder hohe Kunst, die nicht unterhält? Zum Glück geht beides auch Hand in Hand. Umberto Ecos *Der Name der Rose*, Patrick Süskinds *Das Parfum*, Christoph Ransmayrs *Die letzte Welt*, Sten Nadolnys *Die Entdeckung der Langsamkeit*, Daniel Kehlmanns *Die Vermessung der Welt*, Benjamin Leberts *Crazy*, Bernhard Schlinks *Der Vorleser* zeigen das.

Hohe Kunst muss also nicht, darf aber schwer verdaulich sein, wie das Beispiel Arno Schmidt beweist. Bücher schreiben ist ein hartes Unterfangen, vor allem, wenn sie keine Geschichte von A nach Z erzählen oder als leicht verständliche Gedichte daherkommen, sondern selbst »Schreibkunst« sind. Obwohl Arno

Schmidts Bücher dem Leser Gehöriges abverlangen, darf er dennoch nicht fehlen. »Jungen Lesern nicht zumutbar« gilt auch in diesem Fall nicht. Wem Arno Schmidt lesen zu schwierig ist – kein Problem. Einfach weglegen und später noch mal versuchen.

THE GERMANY KANN ME
FURCHTBAR LECKN!!
Arno Schmidt

Lesebeispiel, Arno Schmidt, *Zettels Traum*, in einer Erstauflage von 2000 Stück: »›FRANCIS‹ erinnerte alsogleich an ›friend + sis‹; (ob auch an ›French‹?). Ein ›SARGENT‹ war Er selbst, bei der Art'll'rie, gewesn. Und ›Osgood‹, (zu zerlegn in ›os‹ & ›gut‹) ist übervoll von ›lokkndn Bedeutungen‹; nämlich ›os‹ & ›osculum‹ ist ›culus‹ + ›Mündchen & Kuß‹; ›gut‹ endlich, summiert ›God + good + Eingeweide‹.« *Zettels Traum*: Leckerbissen für Sprachjongleure, schwer verdaulich für Leser. Sein Gemenge aus zertrümmerten Wörtern, Satzzeichen, mathematischen Zeichen, Umgangssprache, geschriebener Mundart, Hochdeutsch, zeichnerische Anordnung der Texte, unterschiedlichen Erzählsträngen in unterschiedlichen Spalten, und dazu ein Werk mit Gewicht: Der Karton mit den Seiten von *Zettels Traum* wog einige Kilo. Seine Schreibweise macht das Lesen ausnehmend schwer, und für das Verständnis von *Zettels Traum* wurde eigens ein »Arno-Schmidt-Dechiffrier-Syndikat« gegründet, um das Buch zu entschlüsseln. Riesenformatig und teuer verkaufte sich *Zettels Traum* trotzdem im Handumdrehen, doch meistens nicht, weil es als gutes Buch, sondern als Wertanlage gesehen wurde. Zu Recht, wie sich zeigte. Gelesen wurde Arno Schmidt eher von wenigen, geehrt aber wurde er für sein ungewöhnliches Schreiben von vielen. Preise über Preise, und die Preisgelder, auf die er ständig angewiesen war, hielten ihn über Wasser. Sich auf dem Buchmarkt durchzusetzen war bei seiner »Schreibe« nicht eben leicht, zumal er selbst alles war, nur nicht einfach.

Arno Schmidt, 1914 bis 1979, ein Leben voller Widersprüche, ein gefährdetes Leben. Geboren in Hamburg. Im ersten Jahr Keuchhusten, im dritten mit Atemwegserkrankung dem Tod nahe, nach dem Ersten Weltkrieg schwere Vergiftung an billigem Fleisch. Sein Vater konnte Krankheiten nicht ausstehen und hielt ihn für ein Mamasöhnchen. Als er eingeschult wurde, wollte er die Hand seiner Mutter nicht loslassen. Sobald sie ging, lief er ihr hinterher. Der Lehrer schickte ihn erst mal nach Hause. Wenn Arno Schmidt aber erzählte, er sei ungern in die Schule gegangen, habe sich gelangweilt, habe schon als Kind lieber Bücher gelesen, während die anderen herumtobten, die Lehrer seien Taugenichtse gewesen, er habe sich alles selbst beigebracht, dann schrieb er seine Lebensgeschichte um. Der Schriftsteller, der sich ohne Hilfe sein Schreiben selbst errungen hat, war eine seiner selbst gewählten Rollen, und zu ihr gehörte, dass ein außerordentlicher Künstler in der Schule gefälligst schlecht zu sein hat. In Wirklichkeit war er immer einer der Klassenbesten. Arno Schmidt erhob sich erst nachträglich zum früh erblühten, aber unverstandenen Sprachkünstler, dem die Hitlerzeit selbstverständlich unmöglich gemacht habe, als Schriftsteller aufzutreten. Er sei in die selbst gewählte Unscheinbarkeit ausgewichen.

Die vorgespielte »innere Emigration« war indessen unnötig, denn die paar Gedichte, die er geschrieben hatte, überzeugten nicht. Immerhin glaubte er so fest an sie, dass er sie Hermann Hesse schickte und sich über dessen flüchtige Antwort ärgerte. Genauso wie er später Günter Grass verwünschte, weil er glaubte, der habe ihn bei einer Preisverleihungsrede zu sehr von oben herab behandelt. Seine Weltkriegszeit verbrachte Arno Schmidt mit ödem Dienstschieben. Von Untergrund und heimlicher Opposition nicht die Spur. Seine Zeit des Aufbegehrens kam nach dem Krieg, dann aber mit Macht. Er musste nur, wie er schrieb, das Wehr hochziehen, um die angestaute Flut zu entlassen. Die Flut hieß bei ihm Abscheu vor den Menschen und Argwohn gegen das althergebrachte Schreiben, denn zwölf Jahre lang hatten Wörter die Menschen verführt, das Schlimmste zu tun.

Das Misstrauen gegenüber der Sprache saß bei vielen Nachkriegs-Schriftstellern tief, egal ob in der Prosa (von lateinisch »prosa oratio«, schlichte, gerade, ungebundene Rede) oder in der Lyrik (von »Lyra«, der Leier, mit der in der Antike die gebundene Sprache der Gedichte musikalisch begleitet wurde). »Nach Auschwitz noch ein Gedicht zu schreiben ist barbarisch«, sagte der Philosoph Theodor W. Adorno. Und doch wurden sie geschrieben. Günter Grass drehte den Satz: Schreiben nach Auschwitz wegen Auschwitz. Erst einmal entstanden Naturgedichte, denn die Natur war politisch unbelastet. In sie ließ sich trefflich flüchten. Das eben vergangene Dritte Reich hatte in ihr nichts zu suchen. Nur nichts mehr von Krieg lesen, von Gräuel, von Untaten. Weg mit der Vergangenheit, her mit dem Neubeginn. Trost, Ablenkung und Heilung wurde gesucht. Bezeichnend die Überschriften: Werner Bergengruen, *Heile Welt*. Elisabeth Langgässer, *Frühling*. Peter Huchel, *Der Garten des Theophrast*. Andere aber rechneten gnadenlos ab: Günter Eich, *Latrine* und *Inventur*. Hans Magnus Enzensberger, *Ins Lesebuch für die Oberstufe*. Wolfdietrich Schnurre, *An die Harfner*. »Zerschlagt eure Lieder | verbrennt eure Verse | sagt nackt was ihr müßt.«

Der Zweite Weltkrieg und seine Folgen, Aufrüstung oder Vietnamkrieg: Aus dem Gedicht wurde die Sprachwaffe des politischen Gedichts, das den Zeitwirrnissen den Spiegel vorhielt. Inmitten der »Trümmerlyrik« und »Kahlschlaggedichte«, die einen sprachlich schnörkellosen Neuanfang versuchten, gingen die »hermetischen« Gedichte einen Schritt weiter. Das »absolute Gedicht«, so Gottfried Benn, ist »ohne Glauben«, »ohne Hoffnung«, »an niemanden gerichtet«. Sprache als Ausdruck der Sprachlosigkeit, die völlig losgelöst ist von der Lebenswirklichkeit? Nicht ganz, denn anders als die »konkrete Poesie« eines Ernst Jandl, die mit Sprachspielen aus Worten, Buchstaben und Tönen versuchte, Bilder zu erzeugen, schweben hermetische Gedichte nicht im leeren Sprachraum. Gerade weil sie abgeschlossen, luftdicht, undurchdringlich scheinen, sind sie auch unendlich vielfältig deutbar. *Todesfuge* von Paul Celan, *Anrufung des Großen Bären* von Ingeborg Bachmann oder *Vermächtnis* von Rose Ausländer haben eine Botschaft. Nur: Sie zu entschlüsseln ist allein Leseraufgabe, ganz so wie bei Arno Schmidt, der das konkrete, politische, hermetische Schreiben der Lyrik mit seiner Mischung aus schlechtweg allem auf die Prosa anwandte, die für das Nachkriegsschreiben weit bedeutender war als die im Niedergang befindliche Lyrik.

Noch aber hatte Arno Schmidt seine Schreibform nicht zum Äußersten getrieben. Er stand erst am Anfang, und in einem Schwung schrieb er 1947 *Leviathan*, die Geschichte eines Soldaten, der in einem Flüchtlingszug sitzt, die Ereignisse der Fahrt aufschreibt, von einer zerstörten Brücke aus dem stehenden Zug zuerst sein Heft in den Abgrund wirft und dann selbst hinterherspringt. Eine Geschichte aus den letzten Kriegstagen wie viele, die dennoch anders ist, denn der Soldat fühlt sich frei von jeder Schuld an den Gräueln der vergangenen Jahre. Er hat seine Erfahrungen gemacht – und damit fertig. Sich selbst sieht er als geistig überlegenen Menschen, und so sah sich auch Arno Schmidt: überlegen, stolz auf sein Werk. Die Wirklichkeit: das Werk nicht beachtet, das Einkommen nicht gesichert, Schriftstellerarmut. Im Ausgleich dazu empfand sich Arno Schmidt als verkannt und angefeindet. Und noch ein Ausgleich: Arno Schmidts Sucht nach Beachtung. Als er einst mit dem Auto abgeholt wurde, sagte er dem Fahrer, er solle langsam fahren, damit das jeder sehe.

Leviathan war sein erster Buchvertrag, und weil ein zweiter auf sich warten ließ, rauschte er beim Verlag ein. Er trat als zorniges Genie auf. Mit geballten Fäusten habe er ihm gegenüber gesessen, erinnerte sich der Verlagslektor Kurt W. Marek, alias C. W. Ceram, der selbst mit seinem Archäologiebuch *Götter, Gräber und Gelehrte* einen Bestseller landete. Arno Schmidt habe auf den Verlag geschimpft, und wenn *Leviathan* nicht so gut gewesen wäre, hätte er ihn hinausgeworfen. Der neue Vertrag wurde vertagt, denn *Leviathan* ging schlecht. Und auch sonst wartete Ärger. In einem Streit um säumige Miete wurde Arno Schmidt vor Gericht zur Zahlung von 226,92 Mark verurteilt, die er nicht besaß. Er wollte das Schreiben aufgeben, doch er hatte Glück. Sein erster Literaturpreis wurde ihm zuerkannt. Es war der Preis, den Arno Schmidt

fröstelnd, mit eisig verschlossener Miene entgegen-
nahm. Er war nur mit Jackett und ohne Hemd gekommen, um seine Bedürftigkeit zu zeigen. Er mimte
das Genie, das mit den Preisen völlig zu Recht ge-
fördert wurde. Geniale Dichter, und damit auch er
selbst, würden Großes schließlich nur erschaffen, wenn
sie sorgenfrei leben können. Kurz: Dichterleben auf
Staatskosten lautete seine Forderung. Um überhaupt
durchzuhalten, schuf sich Arno Schmidt ein eisernes
Arbeitsgerüst. Sobald er am Schreibtisch saß, hielt er
die Uhrzeit des Beginns und des Endes der Schreibarbeit fest. Lesen, Spaziergänge, Nachdenken zählten
nicht. Er schrieb wie mit der Stechuhr. »Ich ›trinke‹. –
Zunächst, d. h. für 3–4 Stunden, Nes-Kaffee; dann,
falls das ›Pensum‹ Weiterarbeit erheischt, Fusel. (Jedoch
immer ›strategisch‹; richtig ›besoffen‹ bin ich nie.)«
Er brauchte ein zweites Standbein, und er fand
Brotarbeit mit Übersetzungsaufträgen. Der Fluch des
Übersetzers: keine Umsatzbeteiligung. »›KEENE
PROZENTE!‹ Wirst pauschál=abgefundn.« Das änderte sich später, denn seine Übersetzungen verkauften
sich gut. Arno Schmidt richtete eine häusliche Über-
setzungsfabrik ein, die jahrzehntelang lief und Geld
aufs klamme Konto brachte. Doch nicht nur, denn
Übersetzen gab ihm auch die innere Stütze, um seine
Selbstzweifel im Zaum zu halten. Seine eigenen Bücher blieben Ladenhüter, und so sehr Arno Schmidt
behauptete, auf die Meinung der Leser zu pfeifen, so
sehr sog er doch jedes gute Wort über sein Werk auf.
Und eine dritte Stütze kam dazu: das Radio, für das

ihn Alfred Andersch holte. Doch trotz aller Krücken spitzte sich der Überlebenskampf zu. Was er schrieb, brachte er nur sehr schwer unter. Um der Enttäuschung Herr zu werden, wusste Arno Schmidt nur das Mittel, noch mehr zu arbeiten. Und um die daraus entstehende Arbeitsflut in den Griff zu kriegen, schrieb er seine Einfälle, Sätze, Stichworte auf Zettel, die er in Kästen ordnete. Zahl der Zettel nach Arno Schmidts Schätzung allein für *Zettels Traum*: 120 000. Über den Kampf ins Spiel, aber erst kam noch ein Rückschlag. Für die höchst sinnliche Liebesgeschichte *Seelandschaft mit Pocahontas* wurde Arno Schmidt 1955 angezeigt. § 166: Gotteslästerung. § 184: Verbreitung unzüchtiger Schriften. Arno Schmidt: »Dass Christen und Nazis, also Thron & Altar, auf die ›Seelandschaft‹ schimpfen, habe ich nicht anders erwartet.« Er sah sich einem Kesseltreiben ausgesetzt, von unsichtbarer Flüsterpropaganda umgeben. Und dennoch: Langsam, ganz langsam eroberte er sich seinen Platz in der Buchwelt und im Leben. Wie Thomas Bernhard kratzte er Geld zusammen, um sich ein heruntergekommenes und abgelegenes Bauernhaus zu kaufen, in das er sich zurückzog, auch vor Schreibkollegen, deren Cliquenwirtschaft er verabscheute. Er empfahl, deren Dauergesellschaft zu meiden wie die Pest. Nur keine Schriftstellergruppen! Arno Schmidt, der Protestler, der gegen den Wirtschaftswundermief, den Koreakrieg, die Wiederbewaffnung Deutschlands lauthals Front gemacht hatte, wollte seine Ruhe. Weg von der Politik, raus aufs Land, hin zum Schreiben. »The

Germany kann me furchtbar leckn!!« Er spuckte seinen Ekel der Welt ins Gesicht, auch weil er hoffte, damit aufzurütteln.

Anfangs keine Heizung und kein Klo, aber ein eigener Brunnen und Einsamkeit. Bargfeld in der Lüneburger Heide, ein Rückzugsgebiet, und um die Schulden zu zahlen, warf er sich auf die Arbeit. Er übersetzte, schrieb Kurzgeschichten und Radio-Nachtprogramme wie am Fließband. Wenn das Ende einer Schreibarbeit nahte, stand er zwischen zwei und drei Uhr morgens auf. Die Arbeitswut aber hatte ihren Preis, denn gleichzeitig steigerte sich sein Suff ins Gigantische. Beim Schreiben trank er Schnaps und wäre fast zusammengebrochen, und doch arbeitete er getrieben weiter, Zettelkasten für Zettelkasten. Bargfeld versetzte ihn in Schaffenslaune, und die Schreibexplosion schleuderte ihn nach oben. Er packte zusammen mit Hans Wollschläger eine Gesamtübersetzung Edgar Allan Poes an und schrieb über Karl May, der sich für ihn auszahlte. »Bis jetzt, staune!, dreizehnhundert, verkauft; (bisher waren's 4 Monate nach der Messe immer erst so 3 oder 400 – ich bitte um Gratulation).« Je höher aber die Honorare im »strapaziödesten Keinerlei des Vokabeljätens, dem Broterwerb, dem cash-as-cash-can« nun doch endlich stiegen, desto tiefer grub er sich ein, je bekannter er wurde, desto mehr verschloss er sich.

Das Haus stand beim Kauf auf blankem Acker. Als Sichtschutz pflanzte Arno Schmidt daher Hecken und Bäume, die das Haus umschlossen, und er kaufte weiteren Grund dazu, um sich einen Schutzgürtel zu schaffen. Ein einfaches Haus, das er bescheiden einrichtete. Bescheiden auch die Küche. Lieblingsessen: Makkaroni mit geriebenem Schweizerkäse, dazu Frikadellen und gebratenes Ei, Fisch, Krabben in Gelee, als Nachspeise Pudding, als frisches Obst Birnen, als Kompott Kronsbeeren. »Kann Maggi blank trinken; unmöglich sind fettes Fleisch und Knoblauch; (er saß, aß, las).« Schreiben, für das er in Bargfeld die Ruhe fand, ging vor, und dennoch machte sich Gereiztheit breit und Panik. Arno Schmidt war fünfzig, was ihm fehlte, war nicht irgendein Werk, sondern *das* Werk. Er begann *Zettels Traum*, von dem er sich literarische Unsterblichkeit versprach, und bei der Arbeit an dem Buch löste er nach und nach alle Bindungen. Alles, was von außen kam, betrachtete er als Störung.

Nachdem *Zettels Traum* erschienen war, hatte Arno Schmidt landesweit für Gesprächsstoff gesorgt, der Blätterwald rauschte, er war bekannt geworden, doch gelesen wurde er weiterhin kaum, und so machte sich Missmut breit. Arno Schmidt, der sich so lange nach dem Ruhm gesehnt hatte, konnte ihn nicht genießen. Bargfeld, der Elfenbeinturm, wurde sein Gefängnis. Ein Haus als Kerker: Thomas Bernhard lässt grüßen. »Das Tor ist verschlossen; die Kette davor –: Du kannsD nicht mehr hinaus; bist gefängn.« Er fühlte sich alleingelassen, und zugleich wollte er allein sein. Nicht einmal das Klingeln des Telefons ertrug er noch. Besucher, die sich noch zu ihm trauten, wurden nicht ins Haus gelassen. Für sie stand ein Wohnwagen vor

dem Haus, um ihn zu treffen. Arno Schmidts Eigen-
brötelei wurde in seinen letzten Jahren fast unheim-
lich. Herzanfälle, dreißig Tabletten am Tag, das Trinken. Um seine Bücher und Papiere vor Heidebränden
und Brandstiftern zu sichern, plante er einen Anbau
mit feuerfesten Außenwänden und Sicherheitsglas. Er
riss einen Schuppen am Haus dafür ab und erfüllte
sich den Wunsch. Und noch ein Wunsch ging in Er-
füllung: Einen beschaulichen Lebensabend gedachte
er nicht zu verbringen, hoffte vielmehr in seinen
Stiefeln zu sterben, die Finger auf den Tasten seiner
Schreibmaschine. Und tatsächlich: Ein unerwarteter
Gehirnschlag riss ihn aus seiner Schreibarbeit. Er
starb am 3. Juni 1979.

Freunde habe er nie gehabt, behauptete Arno Schmidt
am Ende seines Lebens, einen aber hatte er in jedem
Fall: Alfred Andersch, der ihn aus »fernster Nähe« seit
den gemeinsamen Sendetagen unterstützt, auch wenn
er mit Arno Schmidts Schrulligkeiten, Schroffheiten,
Eigenheiten oft und oft haderte. Im Jahr nach Arno
Schmidts Tod erschien *Der Vater eines Mörders*. Das
Buch ist Arno Schmidt gewidmet. Einschub Ende. Und
damit zu Günter Grass.

DER BLECHTROMMLER
Günter Grass

Günter Grass. Jahrgang 1927. »Das was uns formt und verändert, ist eine Geröllhalde von Erinnerungen.« Auf seinen wichtigsten Erinnerungen an Kindheit, Jugend, Hitlerherrschaft in Danzig gründen seine bekanntesten Bücher: *Die Blechtrommel*, *Katz und Maus*, *Hundejahre*. Die Danziger Trilogie. »Getauft geimpft gefirmt geschult. | Gespielt hab ich mit Bombensplittern.« Der Einbruch des Krieges in die Kindheitswelt. 1. September 1939, der deutsche Überfall auf Polen, mit dem der Zweite Weltkrieg begann. Der Freistaat Danzig, der weder Polen noch den Deut-

schen gehörte, war seit Langem Zankapfel. Beschie-
ßung des Danziger Hafens und Erstürmung der polnischen Post. Einer ihrer Verteidiger: ein Postbeamter,
ein naher Verwandter von Günter Grass, der danach
standrechtlich erschossen wurde.

Günter Grass – Kleinbürgerkind. Die Wohnung
hinter dem Warenladen der Eltern. Ein Schlafzimmer
für alle, ein Wohnzimmer für alle, mehr nicht. Unter
einem Fensterbrett der winzige Fleck, der ihm allein
gehörte. Zum Lesen steckte er sich die Zeigefinger in
die Ohren, um nicht zu sehr vom Lärm gestört zu
werden. Günter Grass sog Bücher auf wie ein Schwamm.
Keines war vor ihm sicher. Für ihn stand fest: Malen,
bildhauern oder schreiben, Hauptsache, Künstler werden. Im zweiten Kriegsjahr veranstaltete die Hitlerjugend einen Erzählwettbewerb. Grass nahm teil. Er
versuchte sich an einem Roman, von dem er nur das
erste Bruchstück einschickte, weil da schon alle tot
waren. Kein Preis für ihn. Das abgesparte Geld für
seine höhere Schule lohnte er den Eltern mit erbärmlichen Schulleistungen. Verweise für »unziemliches
Verhalten«, zweimal Schulwechsel. Später nannte sich
Grass selbst einen dummen Halbwüchsigen. Das galt
nicht nur für die Schule. Mitglied des Nazi-Jungvolks,
Mitglied der Hitlerjugend, ein unbedachter Mitläufer
ganz berauscht von den Siegesmeldungen der Wehrmacht, den Eroberungserfolgen der ersten Kriegsjahre,
der Tapferkeit vor dem Feind, die ihm wie allen ein-
geimpft wurden.

Schulende mit fünfzehn. Grass der Kindersoldat.

Luftwaffenhelfer, dann Reichsarbeitsdienst als Holz-
fäller. Gewehrausbildung und leichtes Maschinen-
gewehr. Anschließend der Kriegsdienst. »Ich hatte
mich freiwillig gemeldet, aber nicht zur Waffen-SS,
sondern zu den U-Booten, was genauso verrückt war.
Aber die nahmen niemanden mehr.« Die SS schon.
Jung, alt, sie nahm, was noch zu kriegen war. »Für
mich, da bin ich meiner Erinnerung sicher, war die
Waffen-SS zuerst einmal nichts Abschreckendes, sondern eine Eliteeinheit, die immer dort eingesetzt
wurde, wo es brenzlig war, und die, wie sich herum-
sprach, auch die meisten Verluste hatte.« Einberufung
und Einsatz an der Ostfront. Die lang verschwiegene
SS-Vergangenheit. Grass geriet unter das Feuer rus-
sischer Raketenwerfer, der »Stalinorgel«. »Der sowjetische Beschuss mag drei Minuten lang gedauert haben. Danach war über die Hälfte der Kompanie tot,
zerfetzt, verstümmelt. Die meisten Toten, die Zerfetz-
ten, Verstümmelten waren wie ich siebzehn Jahre alt.«
Grass überlebte, weil er unter einen Panzer kroch. Das
Grauen des Krieges. Auf Marschwegen vorbei an ge-
henkten deutschen Soldaten, die ein Schild um den
Hals trugen: »Ich bin ein Feigling.« Wer im wüsten
Durcheinander der versprengten Truppen ohne Marschbefehl aufgegriffen wurde, landete als Fahnenflüchti-
ger am Seil. In den letzten Kriegstagen wurde Grass
verwundet. Noch so ein Grauen. Er stand am Straßen-
rand an einer Feldküche, um Erbsensuppe zu fassen.
Die Straße war verstopft. Panzer, die nach Osten zogen, verkeilt mit einem Flüchtlingstreck in den Wes-

ten. Beide wurden von den Russen beschossen. Ohne Rücksicht auf die Flüchtlinge schossen die Panzer zurück. Die Russen trafen die Feldküche. »Ich hörte nur ein Klirren, flog in die Luft, hatte Schmerzen, weil es mir den Stahlhelm abgerissen hatte, die Erbsensuppe war natürlich verschüttet.« Leichte Verwundung am Bein, an der Hand, ein Splitter in der Schulter. Ein schwer verwundeter Friseur hatte weniger Glück und bat Grass nachzusehen, ob er seine Beine noch habe.

Der Krieg war für Grass vorbei. Lazarettaufenthalt und Gefangenschaft im Westen, in der ihm Bilder aus Konzentrationslagern gezeigt wurden. »Das ist unmöglich, das können Deutsche nicht gemacht haben.« Er wurde zur Umerziehung durch das KZ Dachau geführt. Die Todesöfen, die Gasduschen, auch sie überzeugten ihn nicht. Erst die Nürnberger Prozesse begannen ihm die Augen zu öffnen für die unfassbaren Verbrechen der Hitlerjahre. Günter Grass verschloss sie niemals wieder. Er wurde zu dem, der querköpfig gescheit sagt, was er denkt, und in munterschwarzen Fabeln das allzu rasch vergessene Gesicht der Geschichte zeichnete. »Ein Schriftsteller, Kinder, ist jemand, der gegen die verstreichende Zeit schreibt.«

Entlassung aus der Gefangenschaft, Schwarzmarktgeschäfte, die ständige Suche nach Essen und Unterkunft, mit einem besonderen Erlebnis: der Versuch, die unterbrochene Schule abzuschließen. Ende des Versuchs nach der zweiten Stunde. Geschichte. »Wo waren wir stehengeblieben? Die Emser Depesche.« Die Depesche aber, die 1870 den deutsch-französischen

Krieg durch Bismarck ausgelöst hatte, war Thema seiner letzten Schulstunde gewesen, bevor er in den Krieg gezogen war. Als ob dazwischen rein nichts geschehen sei. Grass stand auf und ging. Was folgte: Arbeit unter Tage in einem Bergwerk. Saßen bei Stromsperren die Kumpel im Schacht fest, wurde gestritten. Für den hitlergeschulten Grass Nachhilfeunterricht über Gott und vor allem die Welt. »Ich hörte zu und lernte dort viel.« Er fand seine aus Danzig geflohene Familie wieder, die bei einem Großbauern in dessen ungeheizter Futterküche untergekommen war. Sie hatten sein altes Briefmarkenalbum gerettet, das er bald gegen Pinsel und Farben eintauschte. Sein Ziel: die Kunstakademie Düsseldorf. Die aber war geschlossen wegen Kohlemangel. Ihm wurde geraten, sich eine Steinmetzstelle zu suchen. »Wenn Sie damit fertig sind in zwei Jahren, da kommen Sie wieder her, da haben wir auch wieder Kohle.« Gesagt, getan. Lehrzeit. Übernachten im Zehnbettzimmer, Grabsteine meißeln. Und: In den Stadtruinen regte sich Leben. »Fast wunderbare Vermehrung der jungen Dichter, Schriftsteller, Künstler.« Aufbruchstimmung. Die Theater waren voll, auch weil sie oft als Einzige geheizt waren.

Nach zwei Jahren als Steinmetz Aufnahme in die Kunsthochschule. Zeichnen, malen, holzschneiden wird ihn lebenslang begleiten. Grass als einer in der Ansammlung begabter, verrückter, schräger, bunter Vögel. Erste eigene Wohnung, Auftritte als Musiker mit fingerhutgespieltem Waschbrett. Er flickte bombenbeschädigte Fassaden, baute Karnevalswagen, um die schmale Kasse zu füllen. In der Küche eines Krankenhauses lernte er viele hilfreiche Krankenschwestern kennen. Hilfreich in jeder Beziehung. Und dann neben dem Pinsel, dem Hammer, dem Meißel der Schreibstift. »Sprache hatte mich als Durchfall erwischt.« Und eine Begegnung: »Bei banaler Gelegenheit, nachmittags, sah ich zwischen Kaffee trinkenden Erwachsenen einen dreijährigen Jungen, dem eine Blechtrommel umhing.« Das Vorbild für Oskar Matzerath war gefunden. Der Grundstein für *Die Blechtrommel*.

Günter Grass, wie einst E. T. A. Hoffmann: Dichter, Zeichner, Musiker. Reisejahre, Umzugsjahre. Westberlin. Der Arbeiteraufstand im Ostteil der Stadt am 17. Juni 1953 brannte sich ihm ein. Noch Jahrzehnte später wird dieses Ereignis in *Die Rättin* eingehen, mit der er gegen die atomare Selbstvernichtung der Menschen anschrieb. Geld war weiter knapp. Mit dem Abnehmen von Totenmasken verdiente er dazu und schrittchenweise auch mit seiner Kunst und seinem Schreiben. Er sandte eine Gedichtauswahl bei einem Wettbewerb ein. Dritter Platz. Vom Preisgeld kaufte er einen Wintermantel. Wichtiger aber: Ein Preisrichter schlug ihn der »Gruppe 47« vor. Einladung 1955. Gedichtlesung der »finsteren Type mit Schlägermütze« auf dem »elektrischen Stuhl«. Ein Erfolg, der sein künftiges Leben bestimmte. Und noch einer: seine erste Ausstellung. Im Jahr darauf sein erster Gedichtband. »Ich hatte mich freigeschrieben.« Erstauflage: 2613. Verkauft: 630. Seiner Laune schadete das nicht. »Unbekümmerte Erfolglosigkeit.«

Wieder Umzug. Das Sonntagskind in Paris. Schaffensdrang in den Kaffeehäusern oder der winzigen Wohnung über einem Heizungskeller, der ihm die Farben eintrocknete. Zeichnen, bildhauern, Gedichte, Theaterstücke und das Brüten über einem Entwurf. »Gehe schwanger mit dickem Roman.« Wechselnde Überschriften: »Der Trommler«, »Der Blechtrommler«, »Die Blechtrommel«, auf die Oskar Matzerath schlagen wird. »Habe mich jetzt episch dickärschig hingesetzt und meinen Roman angefangen.« Mit der ersten Fassung heizte er seinen Ofen.

Die Blechtrommel. Ihr Spielort: Danzig. Oskar Matzerath ist kein gewöhnlicher Junge. Ein Kleinkind mit dem Geist eines Erwachsenen. An seinem dritten Geburtstag beschließt er, sich der Erwachsenenwelt zu verweigern. Er stellt sein Wachstum ein. Eine Blechtrommel wird sein Lieblingsspielzeug, von dem er sich nie trennt. Ist er zornig, wütend, entsetzt, trommelt er auf ihr. Sie ihm wegnehmen geht nicht. Dann schreit er Glas zu Bruch. Keiner nimmt den Zwerg für voll. Umso genauer beobachtet der Unbeachtete: den Aufstieg der Nazis, den Beginn des Terrors, die Ermordung der Juden. Oskars Familie hat einen kleinbürgerlichen Warenladen. Sie schwimmt gemütlich im Strom der Zeit. Alles schreit »Heil Hitler«, also schreien sie mit. Groß nachgedacht wird nicht. Wird schon was dran sein, dass die Juden an allem schuld seien. »Ein ganzes leichtgläubiges Volk glaubte an den Weihnachtsmann. Aber der Weihnachtsmann war in Wirklichkeit der Gasmann.«

Oskar Matzerath: das Weltgeschehen aus dem Blickwinkel eines Zwergs. Von unten gesehen im wahrsten Sinn. Die Sicht des kleinen Mannes. Eine schonungslose Sicht, die eines nicht zulässt: das Ausblenden der Mitverantwortung an den Hitlergräueln. Keiner ist schuld? Alle sind schuld. Die Anpassung, der Kleinmut, das Wegsehen, das Mitlaufen hat die schlimmsten Menschheitsverbrechen erst möglich gemacht. Ohne das Volk kein Hitler. *Die Blechtrommel* erschien 1959. »Wiedergeburt der deutschen Literatur«, »Roman-Gewitter«: Günter Grass hatte eines der wichtigsten Bücher der Nachkriegszeit geschrieben. Lob, Lob, Lob. Doch nicht nur. Säuischer Schweinkram, unanständig, schamlos, gotteslästerlich: Günter Grass flogen die Beschimpfungen nur so um die Ohren. Ein Abgeordneter verklagte ihn wegen Verletzung der guten Sitten, Preise wurden ihm zu- und aberkannt. Warum? Das Oskarchen hat's faustdick hinter den Ohren. Er beglückt Witwen, verhilft seinem Kindermädchen mit Brausepulver zum Stöhnen. Er schildert putzmunter, handfest, sinnlich die Seitensprünge seiner Eltern und nimmt bei seinen absonderlichen Abenteuern, in die er durch Krieg, Niederlage, Vertreibung gerät, kein Blatt vor den Mund. Scheinheiligen Saubermännern erscheint das noch immer unzumutbar. Noch vor wenigen Jahren verboten amerikanische Staaten *Die Blechtrommel* für den Unterricht. Zu derb, zu bildlich: Ein von Aalen wimmelnder, verwester Pferdekopf wird aus der Ostsee gezogen. Oskars Mutter ekelt sich entsetzlich, trotzdem wird sie gezwungen, die zubereiteten Aale runterzuwürgen. Nachdem das Buch veröffentlicht wurde, soll der Verkauf von Aal in Deutschland deutlich zurückgegangen sein.

Ist den Geschichten Oskar Matzeraths wirklich zu trauen? Vielleicht, vielleicht aber auch nicht. Als er sie zu erzählen beginnt, sitzt er in einer Nervenheilanstalt. Ist er verrückt? Möglich. Hat er das Wachsen eingestellt oder wuchs er nicht mehr, weil er eine Kellertreppe hinabfiel? Oder stürzte er sich absichtlich die Kellertreppe hinab, um eine Ausrede für seine Wachstumsverweigerung zu haben? Möglich. Grass beherrschte den doppelten Boden. *Die Blechtrommel*: sein bleibender Welterfolg. Als Heinrich Böll Jahre später die Nachricht von seinem Nobelpreis bekam, soll er gefragt haben, warum er, warum nicht Grass. *Die Blechtrommel* erschien zeitgleich mit Bölls *Billard um halbzehn* und Uwe Johnsons *Mutmassungen über Jakob*. Sie fegten das bisherige Nachkriegsschreiben mit einem Handstreich hinweg. Die Urteile zur *Blechtrommel* überschlugen sich. »Kraftmeier des Fabulierens«, »Geniestreich«, »erster Rang«, »dieser Mann ist ein Störenfried, ein Hai im Sardinentümpel«. Aber auch: »Einem jungen Menschen darf man diesen Roman nicht in die Hand geben«, »von der Kirchenschändung bis zur allerübelsten Pornographie, es wird alles dargeboten, was verletzen kann«, »satanisches Ärgernis«. Günter Grass wurde über Nacht berühmt, weil er vor allem die Schuld an Nazideutschland nicht wenigen nachtschwarzen Teufeln anhängte, die das

Volk verführt hatten, sondern dem Volk, das sich am helllichten Tag hatte verführen lassen. Das Volk war kein Opfer, das Volk war Täter. Punktum. Die Nazis kamen nicht wie ein Unwetter, sondern »langsam und zum Mitschreiben«, so Grass im *Tagebuch einer Schnecke*.

Die Blechtrommel, ein Anti-Nazi-, ein Anti-Kriegsbuch. Ja, aber nicht nur. Vieles an eigenem Erlebten, an eigener Familie, an eigenen Verlusten, an verlorener Heimat steckt in ihm. Die Erinnerung an das unwiederbringlich untergegangene Danzig war eine von Günter Grass' Triebfedern, nicht nur bei der *Blechtrommel*, sondern ebenso bei *Katz und Maus* und *Hundejahre*, die beide nochmals die Hitlerjahre nachzeichneten. Für sie wieder Lob, für sie wieder Geschrei. In *Katz und Maus* hatte er den Tapferkeitsorden des Dritten Reiches, das »Ritterkreuz«, auf die Schippe genommen, das in Nachkriegsdeutschland weiter stolz zur Schau getragen worden war. Nur das Hakenkreuz war aus ihm entfernt worden. Auch in *Hundejahre* zu viel Geist für die Geistlosen, wenn nicht etwa Hitler in den Blick genommen wird, sondern dessen Hund. *Katz und Maus* erschien 1961, *Hundejahre* 1963, und so oft der Zweite Weltkrieg in seinem Schreiben noch auftauchte, Günter Grass steuerte wie die meisten deutschen Schriftsteller auf eine Zeitenwende zu.

Zwanzig Jahre nach Kriegsende verschwand der Krieg aus dem Alltag, und auch der Wirtschaftswunderdunst verzog sich. Das Land war aufgebaut, der

Wohlstand wiedergekehrt. Die Zeit des großen Auf-
räumens neigte sich im Leben wie im Schreiben. Neues
bewegte die Welt. Der ständig drohende atomare Tod,
die Menschenrechtsbewegungen mit ihren Vorbildern
Mahatma Gandhi und Martin Luther King, der Vietnamkrieg und der von den Schriftstellern geebnete
Weg zur Aufarbeitung der Nazivergangenheit wurden
von den Studenten aufgegriffen. Das Jahr 1968 geriet
zum Einschnitt in der deutschen Nachkriegsgeschichte,
doch was für die bis dahin erschienenen Bücher galt,
gilt für die Bücher danach natürlich umso mehr: Der
Roman *Die Schönheit der Verwilderung* von Henning
Boëtius oder Robert Schneiders *Schlafes Bruder* sind
wundervolle Bücher, doch ob sie einen Platz in der
deutschsprachigen Literaturgeschichte in mehr als nur
einer Randbemerkung finden werden, ist noch ungewiss, und ebenso zweifelhaft ist, ob die entschei-
denden Bücher der siebziger, achtziger oder neunziger Jahre schon als solche erkannt sind oder ob sie
noch von den Jahr für Jahr auf den Buchmessen zu
Tausenden herauskommenden Neuerscheinungen ver-
deckt werden. Nicht immer sind die wichtigsten
Bücher schon zu Lebzeiten der Schriftsteller bekannt.
Franz Kafkas Werke hatten dieses Schicksal, auch die
von Georg Büchner oder Heinrich von Kleist. Sie
brauchten Zeit, bis sich ihre Bedeutung erwies.

Sicher aber ist: Die Bücher seit 1968 spiegelten den
Zeitgeist. »In« war, wer »links« war. Flowerpower,
Woodstock, lange Haare, Che Guevara, Mao Tse-
tung: Die Zeichen standen auf Sturm. Hörsäle wur-

den besetzt, man lieferte sich Straßenschlachten mit der Polizei, bewarf die Machthaber mit Eiern. Die APO gründete sich, die Außerparlamentarische Opposition, weil im Bundestag selbst eine wirksame Gegenkraft zur Regierung fehlte. Die CDU, die Christlich Demokratische Union, die CSU, die Christlich Soziale Union und die SPD, die Sozialdemokratische Partei Deutschlands, hatten sich zu einem Regierungsbündnis zusammengeschlossen, der »Großen Koalition«, die ohne nennenswerten Widerstand im Parlament Gesetze beschließen konnte. Das rief vor allem die Studenten, Künstler, Hochschullehrer auf die Straße, die das nicht hinnahmen. Die bürgerliche Mittelschicht wurde aufs Korn genommen, die »Spießer«, die »Kriegsgewinnler«, die »Ausbeuter«.

Die Studentenunruhen der »Achtundsechziger« veränderten den Blick auf die Gesellschaft, die Grundfesten der Gesellschaft allerdings veränderten sie nicht. Grundgesetz und Demokratie der Bundesrepublik erwiesen sich trotz aller Verirrungen als standfest. Der Protest versandete, und in den Jahren danach wurden aus den Aufstandswilligen jene »Bildungsbürger«, die sie einst bekämpft hatten, aus den Hausbesetzern wurden Hausbesitzer.

Der »Rückzug ins Private« fand auch in Büchern statt. Gesellschaftsprobleme wurden nach dem misslungenen Umwälzungsversuch zunächst ausgeblendet. Die »neue Innerlichkeit«, die Anfang der siebziger Jahre einsetzende »Entpolitisierung der Literatur« aber geriet zur bloßen Nabelschau. Ganz anders Günter

Grass, der sich schon vor den Unruhen in die Politik eingemischt hatte. Für Willy Brandt, für die »Roten«, für die Ablösung der »schwarzen« Parteien CDU und CSU. Seine »Hinwendung zur Wirklichkeit«. Zu den Studenten aber hielt er wie Heinrich Böll Distanz. Die »angelesene Revolution« der »Töchter und Söhne aus gutem Hause« lag ihm nicht. Grass setzte auf Vernunft statt Parolen, auf beharrliche Aufklärung statt blindem Umsturz, ohne freilich zu vergessen, die Finger weiterhin in die Wunden der Zeit zu pressen. Der Politikwechsel gelang, für den Grass als Wahlkämpfer eingetreten war: 1969 Wahl Willy Brandts zum Bundeskanzler, der für eine neue Ostpolitik eintrat, die auf Versöhnung setzte, um das im Krieg begangene deutsche Unrecht auszugleichen. Im Jahr darauf begleiteten ihn Günter Grass und Siegfried Lenz nach Warschau. Willy Brandts berühmter Kniefall vor dem Mahnmal des Warschauer Ghettos.

Doch was mit der »Entspannungspolitik« so hoffnungsvoll begonnen hatte, trug in den anstehenden Zeitkrisen der siebziger Jahre zunächst nur wenig Früchte. Die Wirtschaft brach weltweit ein, die »Ölkrise« führte zu autofreien Sonntagen, die »Rote Armee Fraktion«, RAF, bombte den »Deutschen Herbst« herbei, und ihre Bekämpfung ging bis an die Grenzen des Rechtsstaats. Selbst der Kalte Krieg verschärfte sich erneut, trotz aller Abrüstungsverhandlungen. SDI, Strategic Defense Initiative, ein von den Amerikanern geplantes weltraumgestütztes Raketenabwehrsystem, heizte ihn genauso an wie die geplante Stationierung von atomaren Mittelstreckenraketen in Deutschland. Was als politisch-gesellschaftlicher Aufbruch 1968 begonnen hatte, endete in Niedergeschlagenheit. Die Saat aber war dennoch gelegt. Annäherung, Gespräche, Entspannung unterhöhlten die Berliner Mauer, die Ost und West voneinander trennte, bis sie fiel. Die Wiedervereinigung beider Deutschland, an die kaum einer mehr geglaubt hatte.

Und Grass? Er zeichnete, er schrieb. Buch auf Buch erschien, und sie verkauften sich allesamt wie geschnitten Brot, gleichgültig ob gelobt oder verrissen, wie etwa der dickbändige Roman *Ein weites Feld*, der zum weiten Schlachtfeld wurde. Gescheitert, gescheitert, gescheitert, riefen marktschreierische Buchbesprecher, die Leser aber griffen zu, wohl auch weil hintergründig in ihm steht: Die »Ossis« waren keine schlechteren als die »Wessis«, und auch Stasi-Leute waren nicht gleich Stasi-Leute. Täter und Opfer gibt es überall, auf jedweder Seite: In *Im Krebsgang* wird der Untergang des Kraft-durch-Freude-Dampfers *Wilhelm Gustloff* nachgezeichnet, dem Vorzeigepassagierschiff Hitlerdeutschlands, das Flüchtlinge nach Westen brachte und kurz vor Kriegsende nahe Danzig mitten im eisigen Winter von einem russischen U-Boot versenkt wurde. Neuntausend Menschen starben, zumeist Frauen und Kinder, weit mehr als beim Untergang der *Titanic*. Waren unter ihnen »Täter« im Hitlerreich? Bestimmt, doch ganz genauso Opfer der Nazis. Wurden sie zu Recht aus ihrer Heimat vertrieben? Sicher. Deutschland hatte den Krieg in den Osten getragen.

Doch ist Vertreibung nicht ebenso Unrecht? Und wo ist der Unterschied zwischen einer Vergewaltigung, die ein Deutscher begangen hat, und einer, die ein Russe zu verantworten hat? Täter und Opfer sind auf beiden Seiten. Günter Grass erinnerte auch daran.

Und er mahnte weiter. Er schrieb gegen die Umweltverschmutzung an und stand für die Bekämpfung der Armut in der Dritten Welt ein. »Auch Hunger ist Krieg.« Austritt aus der Kirche, weil sie Abtreibungsbefürworter harsch bekämpfte und trotz Überbevölkerung, Hunger und Elend in den Entwicklungsländern Verhütung streng untersagte. Grass, der unbequeme Mahner, der Vorschläge für ein anderes Weihnachten machte: lieber spenden, statt sich zu überfressen. »Vielerorts zum ›Schwarzseher der Nation‹ ernannt, will mir das Handwerk der Schönfärberei nicht gelingen.« 1987 umfasste seine Werkausgabe zehn Bände, 1997 achtzehn Bände, die darin nicht enthaltenen Bildbände, Gesprächsaufzeichnungen, Redetexte zählen nach Dutzenden. Er schreibe für Leseratten und für sich selbst, so Grass über Grass. Ein wahres Lebenswerk, das weiterhin Preis auf Preis bekam, deren wichtigster der Nobelpreis für Literatur war, der ihm 1999 vor allem auch für *Die Blechtrommel* verliehen wurde, seinem wirkmächtigsten Buch. Begründung: »Günter Grass hat sich als ›Spätaufklärer‹ bekannt in einer Zeit, die der Vernunft müde geworden ist.« Ein geschätzter Unbequemer, der gezeigt habe, dass die Literatur eine Macht bleibe, solange sie daran erinnert, was Menschen sich beeilen zu vergessen.

Und dann das eigene »Vergessen«: Grass war bei der Waffen-SS, wie er in seiner Lebensbeschreibung *Beim Häuten der Zwiebel* erst über sechzig Jahre nach Kriegsende öffentlich bekannte. Bis dahin hatte er geschwiegen. Helfer bei einer Flak, einer Flugabwehrkanone, sei er gewesen. Ausgerechnet SS. Die braune »Elite«, die Todesschwadron mit ihren Totenköpfen an der Mütze, Hitlers willige Schlächter, die für den Judenmord verantwortlich waren, und Grass, der stets als gutes Gewissen der Republik gehandelt wurde. Über Grass ergoss sich die Häme. Schuldgefühle? »Währenddessen? Nein. Später hat mich dieses Schuldgefühl als Schande belastet.« Der Zweite Weltkrieg und seine Folgen sind viele Jahrzehnte her, und doch ist und bleibt er spürbar in der deutschsprachigen Buchlandschaft. »Nur wer gut lügt, ist ein guter Dichter.« Der Grass-Satz war vermutlich anders gemeint. »Die Aufgabe eines Bürgers ist, sich zu Wort zu melden.« Dieser Grass-Satz, mit dem eine Seifenladenkette auf ihren Einkaufstüten warb, dürfte dagegen ganz so gemeint sein wie geschrieben, denn Günter Grass machte zu Recht den Mund auf zu allem, was ihm querkam, eigene Vergangenheit hin oder her.

NACHWORT

Günter Grass bekam den letzten Literaturnobelpreis des letzten Jahrhunderts, und weil er Heinrich Böll als erstem deutschen Schriftsteller nach dem Zweiten Weltkrieg verliehen worden war, so kann hier der Kreis geschlossen, die Wanderung durch den deutschsprachigen Bücherwald zwischen Zweitem Weltkrieg und Mauerfall sinnvoll beendet werden. Doch halt! Wo ist Wolfgang Koeppen, wo Peter Handke, wo Martin Walser, wo Botho Strauß, wo *Das Tagebuch der Anne Frank*, wo Rolf Hochhuths *Die Berliner Antigone* oder seine *Juristen*, Günter Herburgers *Flug ins Herz*, Heinar Kipphardts *Bruder Eichmann*, Ilse Aichingers *Die größere Hoffnung*, Gerd Gaisers *Schlussball*, Peter Weiss' *Der neue Prozeß*, Erwin Strittmatters *Der Laden*? Hans Magnus Enzensberger? Tankred Dorst? Zerknirschte Antwort: Sie fehlen, genauso wie viele, viele andere. Und so muss das Eingangswort wohl oder übel ergänzt werden: »Jede Literaturgeschichte ist eine Ungerechtigkeit gegen die, die in ihr stehen … und die, die nicht in ihr stehen.« Ist das schlimm? Nein, denn genau das ist das Schöne am Lesen: Jede Zeit hält immer noch mehr Taugenichtse, Steppenwölfe, Blechtrommler und Nestbeschmutzer bereit, die gelesen sein wollen.

Ende nicht in Sicht, denn wie der Zweite Weltkrieg so ist auch der Mauerfall eine künstliche gezogene Grenze. Freilich endet die Geschichte der Literatur damit nicht, vor allem weil die Wiedervereinigung Deutschlands die Schriftsteller neu herausforderte, sowohl die Vergangenheit als auch noch die ungewohnte deutsche Gegenwart zu betrachten. Erich Loest mit *Nikolaikirche*, Thomas Brussig mit *Helden wie wir* und *Am kürzeren Ende der Sonnenallee*, Ingo Schulzes *Neue Leben* oder Uwe Tellkamp mit *Der Turm* setzten sich mit dem Leben in der untergegangenen DDR auseinander, Rolf Hochhuth schrieb mit *Wessis in Weimar* und Urs Widmer mit dem Bühnenerfolg *Top Dogs* über das Leben im geeinten Deutschland. Doch nicht nur die alten Haudegen bestimmten das Schreiben der Nachwendezeit. Die Jungen drängten nach vorn mit erstaunlichen Büchern. Zoë Jennys *Blütenstaubzimmer* steht dafür, genauso wie Karen Duves *Dies ist kein Liebeslied* oder Judith Hermanns *Sommerhaus, später*. In der »Popliteratur« verschmolzen Autoren wie Benjamin von Stuckrad-Barre und Christian Kracht ernste und unterhaltende Literatur und verließen zugleich die ausgetretenen Pfade von Buchvorstellungen und Dichterlesung. Zielgruppe: junge Leser. Literatur wurde zum Event. In ihr Schreiben flossen Lifestyle, Popmusik oder Kino ein, und die »Popliteraten« machten bei Poetry Slams mit oder traten als DJ und bei Kneipenlesungen auf. Zeitschriften, Radio, Fernsehen dienten der Selbstvermarktung. Der meiste Flitter der »Popliteratur« verwehte so rasch, wie er gekommen war, doch auch aus diesem Kurzabschnitt der neunziger Jahre werden Bücher vorerst bleiben. Stuckrad-Barres *Soloalbum* etwa oder Christian Krachts *Faserland*. Wenn in *Soloalbum* der von seiner Freundin verlassene Geschichtenheld versucht, sein aus den Fugen geratenes Leben als Single zu ordnen, er dennoch aber trotz aller Frauen, dem Trinken, der Partys antriebslos, einsam, solo bleibt, so wird das noch länger den Zeitnerv treffen, genauso wie Krachts *Faserland*: Der namenlos bleibende Romanheld lässt sich treiben. Er ist von einer Eliteschule geflogen, er ist jung, er ist reich. Porsche oder Champagner – Geld spielt für ihn wie seine Bekannten keine Rolle. Er reist durch sein »Fatherland« von Sylt nach Hamburg, nach Frankfurt, nach München, an den Bodensee, dann nach Zürich, doch weder Sex noch Partys noch Drogen ändern seine Ziellosigkeit. Im Gegenteil. Je länger er sich und die anderen beobachtet, desto mehr zerfasert seine Weltsicht, desto inhaltsloser wird sein Leben. Seine Reise endet inmitten des Zürichsees. Der Schluss bleibt offen. Selbstmord darf, ja muss angenommen werden. Warum? Wegen eines Cocktails. Auf das Ende zu kippt er auf einen Zug vier »Brandy Alexander«, und das tat bereits ein Selbstmörder in Evelyn Waughs *Wiedersehen mit Brideshead*.

»Junge Wilde« oder »Popliteraten«, das Lesen hört nicht auf. Und schon gar nicht für den, der über die Landesgrenze tritt, denn: Ein Blick auf das Bücherregal genügt, schon raunen die Stimmen zwischen den

Buchdeckeln. Captain Ahab in Herman Melvilles *Moby Dick* ruft nach dem weißen Wal, Bram Stokers *Dracula* nach dem Blut seiner Opfer, Mary Shelleys *Frankenstein* nach Gerechtigkeit, Victor Hugos *Glöckner von Notre-Dame* nach Liebe. Das Pferd Rosinante wiehert in Cervantes' *Don Quijote*, Daniel Defoes *Robinson Crusoe* feuert seine Muskete auf die Kannibalen ab, Long John Silver zieht rasselnd den Säbel auf Robert Louis Stevensons *Schatzinsel*, *Die Pest* geht um bei Albert Camus, Geister erschrecken Ebenezer Scrooge in Charles Dickens' *Weihnachtsgeschichte*, Gogols *Der Mantel* flattert in der russischen Winternacht, der Mörder Raskolnikow schleicht bei Dostojewski zu *Schuld und Sühne*, Tolstois *Anna Karenina* wirft sich vor den Zug, Flauberts *Madame Bovary* vergiftet sich, Oscar Wildes lasterhaftes *Bildnis des Dorian Gray* verzerrt seine grauenhafte Fratze, William Goldings *Herr der Fliegen* haust inmitten der Südsee, Joseph Conrads *Herz der Finsternis* schlägt in Afrika und Jules Verne lädt ein, die *Reise zum Mittelpunkt der Erde* anzutreten oder *20 000 Meilen unter dem Meer* zu fahren. Lewis Carrolls *Alice im Wunderland*, Evelyn Waughs *Wiedersehen mit Brideshead*, Ernest Hemingways *Der alte Mann und das Meer* – ein Griff genügt, und schon lockt nach der Wanderung durch das deutsche Bücherland eine abenteuerliche Weltreise. Lust darauf? Dann auf und den Bücherkoffer gepackt ...

PERSONENREGISTER UND VERZEICHNIS DER HAUPTWERKE

PETER BRAUN hat mehrere Bücher zu literarischen Themen veröffentlicht, darunter *Dichterhäuser, E. T. A. Hoffmann. Dichter, Zeichner, Musiker* sowie das Theaterstück *Schiller, Tod und Teufel*. Bei Bloomsbury K & J erschienen von ihm *Von Taugenichts bis Steppenwolf* (2006) und *Der Fluch des Goldes* (2008). Er lebt in Bamberg.

JENS RASSMUS, geboren 1967, studierte Illustration in Hamburg und Schottland. Seit 1996 illustriert und schreibt er Bücher. Er hat zwei Kinder und lebt mit seiner Familie in Kiel.

Peter Braun
VON TAUGENICHTS BIS STEPPENWOLF
Eine etwas andere Literaturgeschichte

Warum täuschte Lessing bei der Premiere von »Emilia Galotti« Zahnweh vor? Und wie wurde aus dem Schulversager Hermann Hesse der hochgeachtete Nobelpreisträger? Peter Braun erzählt in *Von Taugenichts bis Steppenwolf* von ebenso tragischen wie komischen Episoden aus dem Dichteralltag und eröffnet damit auf unterhaltsame Weise den Zugang zu den bedeutendsten Werken der deutschsprachigen Literatur.

»Extrem erhellend.«
Luchs-Jury der *ZEIT*

Bloomsbury
Kinderbücher & Jugendbücher

Peter Braun
DER FLUCH DES GOLDES
Deutsche Eroberer und der Schatz des El Dorado

Peter Braun schildert die Unterwerfung Südamerikas aus überraschender Perspektive: Neben den Spaniern waren es deutsche Eroberer, die auf der Suche nach Gold in die neue Welt vordrangen. Eine packende Geschichte von Abenteuerlust und Verbrechen und ein Lehrstück über den Umgang mit fremden Kulturen.

»Ein spannendes, aber auch erschütterndes Kapitel der Menschheitsgeschichte.«
Die Rheinpfalz

Bloomsbury
Kinderbücher & Jugendbücher